学級経営サポートBOOKS

アドラー心理学で変わる学級経営

勇気づけのクラスづくり

赤坂 真二 著

明治図書

まえがき

私は元小学校の教師です。所謂，学級崩壊の問題が全国的に顕在化する前から，そうしたクラスを担任させていただくことがありました。また，まだ発達障害という言葉，それに付随する診断名などが広く知られる前から，困難な状況に陥っている子どもたちと向き合う仕事をさせていただきました。このような状況の中で，「もし，これを知らなかったら教師という仕事を続けていられなかっただろう」と思うものがあります。

それは「アドラー心理学」です。

アドラー心理学についての説明は本編に譲ります。アドラー心理学を知らなかったら，恐らく，荒れるクラスの立て直しをすること，援助を求める子どもたちの力になること，そして，何よりもクラスの荒れに苦しむ同僚の支援をすることは到底無理だっただろうと思います。そもそも教壇に立ち続けること自体が不可能だったと思います。荒れるクラスにかかわることは私にとっては様々な覚悟を迫られるものでした。

現在は，大学の教員として教員養成にかかわりながら，全国の学校の校内研修や各自治体の研修会の講師などをさせていただいています。あちこちの団体にかかわり，授業づくりや学級経営，また，学校経営に至るまで助言めいたことができるのもアドラー心理学と出会ったからです。

私のような非力な教師にも力を与えてくれるアドラー心理学ですが，近年は教師向けの書籍が出版されてきているものの，まだまだ十分とは言えません。「教師向けに書かれた書籍はないのですか？」とご質問を受けることが未だにあります。お断りしておきますが，私はアドラー心理学の熟達者でもありませんし権威でもありません。しかし，アドラー心理学に助けられた一人として読者のみなさんに何らかの貢献ができるのではないかと考え，キーボードの前に座ることにしました。

ここで示した実践は，アドラー心理学の全てとは言いませんが，学校の教師にとってはかなり有用な情報だと確信しています。アドラー心理学の教育への適応のあり方を，具体的な実践を交えながら述べてみました。

本書はやり方ではなく考え方から始まります。考え方は行動のベクトルです。考え方が間違っていたら，順調に物事が進んだとしても，それは「間違った場所に難なく到着しただけ」です。第１章では，力をつけたいと一生懸命学んでいる教師が，思うように結果を出せない理由を，アドラー心理学を絡めながら解説しました。また，なぜアドラー心理学を適用することが，学級経営において有効なのかを述べました。第２章では，子どもの見方が劇的に変わるであろう，アドラー心理学に基づく子ども理解の視点を述べました。第３章では，第２章で示した考え方に基づき，子どもたちの不適切な行動のメカニズムを解説しました。第２章，第３章をしっかりとご理解いただければ，今，目の前で展開されている子どもたちの不適切な行動に隠されたメッセージが読み取れることでしょう。

そしてここからは具体的な対応です。第４章では，不適切な行動を繰り返す子どもたちを支援するための基本的な考え方を示しました。第５章では，子どもたちへの支援をエピソードを交えながら具体的に解説しました。ここをお読みになるときは，どうぞご自身のクラスの支援を必要としている子どもたちの顔を思い浮かべながら，そして，自分だったらどのように声をかけるかなど，日頃の指導や支援の文脈に落とし込みながら読み進めてください。ここでは，勇気づけの実際や，不適切な行動をする子どもたちだけでなく，その周囲にいる子どもたちも含めてどのように支援していくかを述べました。学級崩壊を克服するためのヒントになるだろうと思います。最後の第６章では，本書のまとめであるとともに，クラス再生のプロセスを図示しました。本書では第６章だけでなく，全編にわたってイラストや図を使って解説しています。文字を読み，目で確認しながら，理解を深めていただければ幸いです。

本書が，みなさまの学級経営，そして自らの問題に困り，援助を求める子どもたちの一助となれば，これにまさる幸せはありません。

2019年２月

赤坂　真二

Contents

まえがき

1 教育効果をもたらすもの

「つぎはぎ教育」からの脱却を
- 1 あなたの教育を受けた子どもたちはどんな人になりますか 10
- 2 「つぎはぎ教育」になっていませんか 13
- 3 それ，なんとなくやっていませんか 15
- 4 応用力を引き出す体系知 17

アドラー心理学とは
- 1 アドラーとアドラー心理学 20
- 2 アドラー心理学と学校教育 22

なぜ，学級経営にアドラー心理学なのか
- 1 ある「学級崩壊」の様相 26
- 2 アドラー心理学への注目 29

アドラー心理学でクラスが変わるのは本当か
- 1 クラスを健康な状態にするマネジメント 32
- 2 「ご機嫌クラス」「不機嫌クラス」あなたはどちらの担任がご希望ですか 34

完全「学級崩壊マニュアル」
- 1 本当は彼女と付き合う自信がないから 36
- 2 学級崩壊をさせる方法 39

2 見方が変われば現実が変わる

原因を探ることが習慣になっていませんか

1 あなたの気になる子 44
2 ツヨシ君の場合 45
3 理由は原因だけではない 48

見方を変えるとやるべきことが見えてくる

1 ご飯を食べる理由 50
2 子どもたちはお見通し 51
3 教師のやるべきこと 53

子どもたちも必死なのです

1 教室における子どもたちの目的 56
2 「ジベタリアン」たちの優先事項 58
3 全ては適応行動 59

3 不適切な行動のメカニズム

不適切な行動の４つのパターン

1 感情を揺さぶることそのものがねらい 62
2 誤った目標に基づく行動 64

アマチュアは不適切な行動に対して「反応」し，プロは「行動」する

1 子どもたちが不適切な行動に至るプロセス 68
2 子どもたちの目標を判断する指標 71

不適切な行動には相手役がいる

1 子どもの誤った目標を判断する第二の基準 74
2 不適切な行動をする子がわかっていることとわかっていないこと 77

本当に不適切なのは
1 “気になる子”とクラスの荒れ　80
2 “気になる子”はクラスの荒れの本当の理由なのか　84

気になる子の支援のシンプルな原理
1 不適切な行動のスパイラル　86
2 適切な行動を勇気づける　89

4 気になる子を支援する

適切な行動と不適切な行動の判定基準
1 子どもたちが不適切な行動をする５つのパターン　94
2 不適切な行動とは　96
3 指導が必要な領域と関心のない領域　98

共同体感覚
1 避けては通れない話題　102
2 不幸せのサイクル　103
3 幸せのサイクル　106
4 GPSとしての共同体感覚　108

「原因追求」教の信者になっていませんか
1 問題悪化のサイクル　110
2 問題に向き合う３つのアプローチ　111
3 「マスコミ教師」になることなかれ　113

問題ばかり見ていませんか
1 効果的な問題解決　116
2 気になる子はみんなパートタイマー　118

5 勇気づけ

不適切な行動で得ているモノ
1 不適切な行動で得をする 122
2 キレることによって得ていたモノ 124

不適切な行動に注目しない
1 うまくいっていないことをやめる 127
2 ツヨシ君にしたこと 130
3 30分の1から1分の1へ 132

適切な行動に注目する
1 たとえその目標が叶わずとも 135
2 うまくいっていることを探す 137

適切な行動の原動力
1 担任が注目したこと 141
2 尊敬が「よい行い」の原動力 142
3 「悪い子」の前に立つときに表出するモノ 146

不適切な行動には「意味」が与えられている
1 怒りで人は変えられない 149
2 不適切な行動を無意味化する 151

プロの視点
1 適切な行動を探してみよう 155
2 うまくいくまで支援を続ける 158

「しかける」勇気づけ
1 長期的・意図的支援 163
2 関係の樹立 165
3 原則は全ての子に 170

教師と子どもの認識のズレを埋める
1 目標の一致 174
2 目標一致のコツ 177

今の行動に代わる，より適切な行動を探す
1 課題の分離 180
2 代替案の検討 182
3 「あたたかい時間」を創る 184

勇気づけのテクニック
1 勇気づけの実際 188
2 テクニックとしての勇気づけ 191

支援者はどこに
1 不適切な行動は「仕組まれている」 198
2 課題の分離を教える 203
3 カウンセリング・マインドでクラスを育てる 205

6 クラス再生の道筋

クラスを変えるたったひとつのポイント
1 「学級庶民」の思い 210
2 教師の認知が変わればクラスが変わる 212

クラスは再生する

あとがきに代えて

教育効果をもたらすもの

「つぎはぎ教育」からの脱却を

① あなたの教育を受けた子どもたちはどんな人になりますか

みなさんは，上記のように問われたら，どのように答えますか。

言うまでもなく，教師はとにかく多忙です。そして，ほとんどの教師がその膨大な仕事を一生懸命やっています。その仕事に向かう態度は本当に尊いものですが，その忙しさ故か「今，やっていること」ばかりに関心が向けられ，その結果，つまり「それで，どうなったか」に，あまり関心が向けられていないように見えます。具体的に言えば，日々の授業，生徒指導，学級経営をこなすことでいっぱいいっぱいで，それによって子どもたちに

どんな力がついたかがあまり注目されない

といったことが起こっているのではないでしょうか。

そもそも学校の教育目標や教育計画，グランドデザインの達成を評価したという話をあまり聞いたことがありません。「毎年，学校評価の会議をやっている」という学校もあるかもしれません。しかし，それによって無駄を省いたり，焦点化したり，よりよいアクションを生み出したりすることが評価の目的です。できたかできなかったかだけの反省会は，たとえ数値を出したとしても評価とは言えません。学校全体の体質として，教育活動を

評価をして改善させるのがうまくない

ことが指摘できるかもしれません。こうした学校教育のあり方が，各教師，各教室レベルでも，「やること」に過度に関心を払う文化を創り出している気がしてなりません。

一生懸命に取り組むことはとても尊いことであり，否定する余地などどこにもありませんが，教師という仕事を考えたときに，それだけでは済まされないのではないでしょうか。「こんなことをやった」「これだけやった」という思いは，自分から見れば，それは満足感や充足感を伴うすばらしいことですが，一方で，他者から見たときには，それは，自己満足や独りよがりになっていることがあります。学校教育はけっして，教育好きの趣味や道楽であってはならないわけです。ただ，教師の満足感抜きによい仕事ができるとも思いません。やはりそこは，教師の満足感を基盤としながらも，その成し遂げた結果が子どもたちの利益になっているかどうかをしっかり見取っていく必要があるでしょう。

教育という営みの成果を考えたときに，最も失ってはならない視点は，その「目的」です。目的，つまり，「何のために」というねらいがあるから評価が発生するわけです。目的がなかったら，評価のしようがないことはみなさん承知しているはずです。

教育の目的は，教育基本法に示された通り「人格の完成」です。それを受けて，私たちの国の学校教育は，全人教育を対象としています。つまり，「丸ごとの人」を育てているのです。だからこそ朝はいきなり授業を始めるのではなく，みんなで歌を歌ったり，カフェテラスで好きなモノを勝手に食べるのではなく，栄養士の先生が考えた献立による給食をみんなで食べたり，清掃員さんに任せるのではなく，自分で使った教室を自分で掃除するというようなことを教育活動として行っているわけです。

しかし，学校教育のシステムがしっかりとしてくればしてくるほど，枝葉

が茂り，根や幹のようなものが見えなくなってくるように感じています。そうした印象をもっているのは，私だけでしょうか。ある教科の研究校だからといって，特定の教科ばかり一生懸命やっている学校，そうかと思うと地域で研究会を持ち回りにしてその度に研究教科が変わり，落ち着いた学力形成ができない学校，研究会が近づくと特定の教科の時数が極端にふくれ上がる学校，ICT 教育の充実だといって，機器を使用することが目的化されていたり，その方面の得意な先生だけの実践が先端化していったりする学校，学力向上の大義名分の下に子どもたちの楽しみにしていた行事をどんどん削減していく学校……。挙げればきりがありませんが，バランスよく子どもたちの人格を育てるというよりも，「大人たちの事情」ばかりが見え隠れしている気がしてなりません。学校は，本当に子どもたちの人格の完成に寄与しているのだろうかと疑問が湧いてきます。

②「つぎはぎ教育」になっていませんか

教師が「やること」に関心を払いすぎると，その教師の実践する教育は，方法論重視の教育になり，これは，どうしても教師主導になりがちです。教師のやることに関心が集まるからです。教師の目は，「国語の授業はどう流したらいいか」「朝の会では何をしたらいいか」「清掃指導はどうするのがいいのか」といった「やり方」に向けられます。上述しましたが，やり方ばかりに関心を向けていると，子どもたちが「どうなったか」にまで，関心が向かなくなります。

本やセミナーなどで，新しい「方法」を学びます。本には，「すごい結果」を予期させるような情報の断片が書いてあり，セミナーでは「すごい結果」が出た事実を見聞きするわけです。そして，決まり文句は「誰でもできる」です。すると，自分もそんなことができるのではと思い，すぐに試してみたくなります。そして，やってみます。しかし，大抵は，

本で読んだ通り，セミナーで聞いた通りにはならない

のです。うまくいくこともあれば，うまくいかないこともあるのは当然のことです。

うまくいったとしてもその結果は「やったらどうなったか」という刹那的な結果であり，子どもの育ちとは異質なものです。教育においても「１時間で変わった」「15分で伸びた」「５分間の奇跡」などと，「劇的な効果」をアピールする方法論が後を絶ちません。ある方法によって，「子どもたちが盛り上がった」「スムーズに活動できた」「漢字が書けた」「計算ができた」といったことは，子どもたちにある種の喜びを生み出していることでしょう。しかし，私にはどちらかというと「教師寄りの喜び」になっているように思えるときがあります。一時的に，子どもたちは喜ぶかもしれませんが，本当

に子どもたちの「育ち」につながっているのでしょうか。「育ち」とは積み重ねの結果もたらされるものです。

利那的な取り組みでは，子どもたちは育たない

ことはプロのみなさんならおわかりのことと思います。また，方法論重視の方は，国語は○○流，話し合いは△△方式，宿題は◇◇実践のように，学んできたものを次々と教室に導入します。ひとつひとつのやり方は，それぞれのプロたちが考え抜いた方法論ですから，それぞれは所々でうまくいくかもしれません。しかし，そうした教育活動の寄せ集めは，つぎあてみたいになっていて，一枚一枚の布きれはきれいでも，それらを合わせてみると，なんだかよくわからないものになってしまっていることがあります。

そうした構造は大きなところではカリキュラムレベルで，小さなところでは日常指導レベルで起こっています。例えば，カリキュラムレベルでは，よくあるのが道徳や特別活動で「みんな仲良く，協力しよう」というメッセージを伝えているにもかかわらず，教科指導になると途端に「一人でがんばりなさい」と，むしろその逆のメッセージを伝えてしまっていることがあります。

日常指導レベルでは，朝の会ではある有名な教師の言葉を使って指導し，帰りの会では全く別な本から引っ張ってきた言葉を使って指導するようなことです。教師が，自分の思いを表現する方法として他者の創ったものを活用しているならば何ら問題はないですし，多くの教師がやっていることです。しかし，それらのオリジナルは全く異なる背景で生まれているのです。

そうした教育を，私は

つぎはぎ教育

と呼んでいます。教師がよかれと思っていろんな方法論を導入しているうち

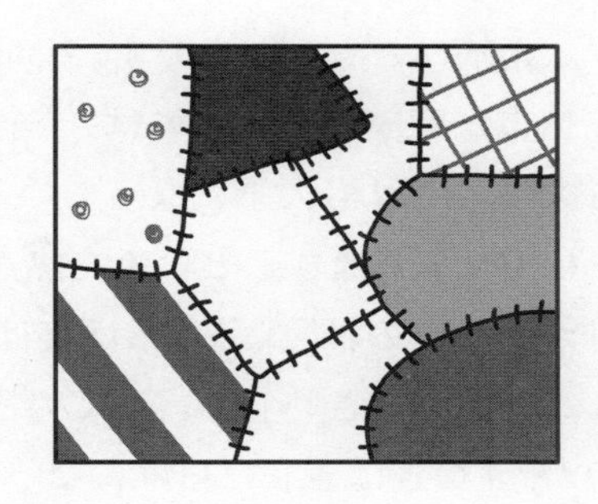

に，いつの間にか，子どもたちの学びを「つぎはぎ」だらけにしてしまうことがあります。

③ それ，なんとなくやっていませんか

教科指導を中心とした教育内容にもカリキュラムデザインが必要なように，日常指導，学級経営を含めたレベルの実践にもそうした設計図が必要です。特に学習指導要領改訂時にはいろいろな言葉が現場に降り注ぎます。現在ならば，アクティブ・ラーニング（主体的・対話的で深い学び），道徳の教科化，英語やプログラミング教育でしょうか。恐らくその他にも，「これからの時代の要請」と称してナントカ教育がどんどん教室に入り込んでくることでしょう。このままでは，教室が「つぎはぎ」だらけになる可能性がどんどん増すばかりです。

そもそも道徳や英語を教科化することやプログラミング教育を全ての子どもたちに実施していくことについては，十分に議論がなされたとは言えず，「見切り発車」的な部分があるのではないでしょうか。そうこうしているうちにあっという間に10年が経ち，「次の学習指導要領は……」なんて話が始まります。各専門家はそれぞれの立場でよかれと思って発信しているのですが，残念ながらそれらを統合するのは，実は各現場に任されているような実情があります。

「何を根拠にあんたはそんなことを言うのだ」と思われる方もいるでしょう。ご指摘はごもっともです。お叱りを覚悟でもう少し申し上げれば，各地の先生方が疲弊しているのは，「全てをがんばらされている」からです。あれも大事，これも大事になっているからです。各自治体で，「わが地域は，ここに力を入れます」といった焦点化された方針が出されているでしょうか。それが出ないのは，「私たちは実はよくわからないので，どうか現場のみなさんご判断ください」と言っているのだと思います。つまり，教育政策そのものが，「つぎはぎ」だらけになっているのです。

したがって，それぞれの教師がしっかりした「デザイン画」をもたないと，みなさんの教室実践は「つぎはぎ教育」となり，子どもたちを「つぎはぎ人間」にしてしまうのです。

あなたの教育を受けた子どもたちは，どんな人になるのか。

冒頭に掲げたこの問いを，ひとりひとりの教師が意識しなくてはならない時代になっているのではないでしょうか。学校教育を教師の自己満足で終わらせず，子どもたちの人生の利益になるように設計していくためには，全てを統合するような，また，つなぐようなハブとなる構造が必要ではないでしょうか。

そこで私が注目したのがアドラー心理学です。アドラー心理学は，2013年末に発刊された『嫌われる勇気』（岸見一郎・古賀史健著，ダイヤモンド社）によって一気にその認知度を上げました。明治図書でも関係の書籍（佐藤丈『勇気づけの教室をつくる！アドラー心理学入門』など）が出版されているので多くの方がご存知かと思います。

私自身は，前掲のベストセラーが発表されるよりもしばらく前にアドラー心理学に出会い，自分の実践に一貫性が出てきました。そして，

なんとなくやってきたことのほとんどに明確な目的をもつことができた

のです。目的を自覚すると，ブレが少なくなります。ブレが減ると，一貫性が生まれます。一貫性は，子どもたちの育ちとして表現されました。アドラー心理学は，かつては教師よりも一般向け，保護者向けの発信が多く，実は，教師による活用のあり方が曖昧であることも指摘されてきました。そこで，本書では，学校教育におけるアドラー心理学について興味のある方や実践してみたい方のために，拙い実践を交えながらその実際について述べてみたいと思います。

④ 応用力を引き出す体系知

私たちの国は国民性や歴史的経緯から，一つのことに縛られることを嫌がるように思います。そうした多様性を許容しながらも，一方で，真逆のカリスマ的な強い力に憧れることもあるようです。しかし，そうした気分とは別の次元の話として，やはり，プロの仕事には，体系的な知識が必要ではないでしょうか。「知の巨人」とも称される佐藤優氏は次のように言います*1。

「何かを学ぶときには，まず，型にはまった知を身に付けることです。最初から型破りなことをするのは，ただのでたらめでしかありません。」

私たちは，型を大事にする一方で型にはまることを嫌がる，相反する心情をもち合わせます。特に教育においては，教師自身は型にはまることを嫌がりながらも児童生徒を型にはめようとしてしまうところがないでしょうか。型に対しては，それぞれが複雑な態度をとります。しかし，型にはまらない考え方とか独創性とは，型を知っている人から生まれるものです。

国語や算数などの教科指導は，教科書があります。そこに収められている内容は，体系化された知です。いわば「知の型」と言えます。だからどんなに経験値の浅い教師でも教科書に基づいて授業をすれば，面白いかどうかは別として「誤った授業」をする可能性は低くなります。

しかし，生徒指導や学級経営において「知の型」が共有されているかどうかと言われれば，「されていない」と言わざるを得ない状況です。生徒指導の理論や学級経営論はあるにはありますが，多くの先生方は，知りません。大学院に進学してくる学卒の院生のほとんどは学級経営論を学んでいません。現職ですら「勘と経験頼み」だったといいます。生徒指導や学級経営には，先人たちの「足跡」はありますが，足跡によってつくられた「道」がないのです。断片的知識はありますが，体系知がないのです。

生徒指導や学級経営は，学校教育の中で最も「つぎはぎ教育」に陥りやすい領域

であるわけです。

型にはまった理屈なんて役に立たないとおっしゃる方もいます。しかし，スポーツでも武道でも何でも，基本型があるから応用ができるわけです。新しい技は，基本型があるから生まれるわけです。技についてはスポーツを例にすればわかりやすいですが，知識や考え方も同じで，型があるから，それを打ち破るような，新しい知識や考え方が生まれるのです。

生徒指導や学級経営は，イレギュラーなことの連続です。しかし，だからこそ，知識や考え方の型を学ぶ必要があるのです。学級崩壊，いじめ，不登校の深刻化というように，過去には想定できなかったようなことが現在の学校では起こっています。これからも新人はもちろん，ベテランの先生方の経験値や想定をも超えるようなことがどんどん起こってくることでしょう。

しかし，型を知っていれば応用ができます。教科指導にある程度の自信があっても，生徒指導や学級経営に自信がない教師がいるのは，体系化された知識，考え方や技術がないからです。アドラー心理学は，子ども理解や学級経営における知識，考え方，技術の基本型として大きな可能性をもっていると言えるでしょう。

【注】

＊1　佐藤優『知の操縦法』平凡社，2016

アドラー心理学とは

① アドラーとアドラー心理学

本書を読まれるのは，圧倒的に学校の先生方が多いことでしょう。本節のお話は，実践や技術とは離れます。超多忙な先生方にこのような情報は恐縮なのですが，本書ではアドラー心理学の学校教育への適用がテーマです。そこに迫るためには，どうしてもこの内容について触れておかねばなりません。

「アドラー心理学って何？」という話をします。アドラー心理学が以前に比べてはるかに多くの方に認知されるようになったとはいえ，金メダルをとったオリンピック選手や国民的アイドルのように，その名を言えば誰もが「ああ～」と言うほどになったとも思えません。勇気づけを知る上で，アドラー心理学を知る必要があります。もし，お時間がなかったら，本節は長期休業中にでも目を通してください。超多忙な先生方も，長期休業ならばこうした内容にも目を通していただけるものと信じて話を進めたいと思います。まあ，お忙しかったらスルーしてください。

アドラー心理学のアドラーとは，人の名前です。オーストリアの精神科の医師です。日本では，同じ時代に生きたフロイトやユングは有名ですが，アルフレッド・アドラー（1870～1937）の名前を知っている人は，以前はそう多くはなかったのではないでしょうか。私も大学生のときに心理学の授業で，フロイトとユングの名前は聞きました。しかし，アドラーの名前は聞いた覚

えがありませんでした。一時期アドラーは，フロイトと同じグループで活動していましたが，やがて袂を分かちます。フロイトはアドラーを弟子だと思っていたようですが，アドラーはフロイトを，同志または研究仲間だと思っていたのかなと思います。ここら辺の話も，アドラー心理学を知ってくると，なんとなく自然に理解できるかもしれません。

アドラー自身は，自分の考えを「アドラー心理学」と呼んだわけではありません。「個人心理学（Individual Psychology）」と呼びました。人間は統一された存在であり，分割することは不可能だと考えていたのでそう呼びました。私たちはよく，意図しない行動を「無意識のうちにやっていた」などと言って，自分とは別なものの力によってそれをしたと説明することがあります。しかし，アドラーは，無意識にも自分の意図があり，意識と無意識を分断するような立場をとりませんでした。しかし，「個人心理学」という呼称は，アドラーの意図が必ずしも伝わらないということで，弟子たちは，彼の考えを創始者である彼の名前をとってアドラー心理学と呼びました。アドラー心理学は，「心理学」という名を背負っているので，人の心理的プロセスや行動の傾向を解釈したものとして捉えられがちです。しかし，アドラーにとって「個人心理学」は，「心理学」に留まらず，社会生活に基づく人生哲学だったと捉える見方もあります。

社会主義に関心があったアドラーは政治改革による社会変革を目指しました。しかし，政治の現実を目の当たりにし，育児と教育に人類の救済の可能性を見出しました。アドラーは，「人はみな平等である」という意識をもっていて，力で子どもを押さえつけるのではなく，心からの信頼をもって子どもに接する教育をすることで，自由で平等な世界を目指しました。アドラーの仕事として有名なものの一つに，世界で初めての児童相談所をつくったことがあります。当時は，第一次世界大戦の混乱により，オーストリアでは，非行少年の問題が社会的に注目されていたようです。

② アドラー心理学と学校教育

そこで，アドラーは，公立学校に多くの児童相談所をつくりました。この児童相談所は，子どもや親の治療に当たるだけでなく，教師やカウンセラー，医者などの専門職を訓練する場としても活用されました。私が注目したいのは，アドラーが仕事をしてきた環境です。アドラーは医師ですが，自分の考えを特別なケアを要する医療現場だけで創り上げてきたわけではなく，教育という多くの子どもたちや親たちがかかわる学校現場で構築してきたのです。こうした理論構築のプロセスが，学校教育への効果を上げている理由ではないでしょうか。

アドラーは，自分自身のカウンセリングを公開の場で行うことがありました。カウンセリングというとカウンセラーとクライエントが，１対１で相談しているというイメージがあるかもしれません。しかし，アドラーのカウンセリングには，クライエントの後ろに他のクライエントがいて，それを聞いているということがあったようです。もちろん，こうしたやり方には，デメリットがあるだろうし，批判もあったことだろうと思います。しかし，他の人のカウンセリングを見たり聞いたりすることで，自分の問題との共通性に

気づき，解決の方向性を見出すことができるというメリットもあったことでしょう。

ひょっとしたら，みなさんもそうした経験をおもちの方がいらっしゃるのではありませんか。数人でファミレスでおしゃべりしていたら，一人の恋愛相談が始まり，みんなであれやこれや言い始め，やがて，相談者はスッキリした顔をしてきて，なんとなく問題解決。気づくと，相談にのっていたはずの周囲も自分の問題の解決策のヒントを掴んでいるような場合です。また，学年会やサークルの懇親会で，あるメンバーが仕事上の悩みを相談し，ベテランやメンターが助言を始めると，その内容が自分も悩んでいることだったりして思わず聞き入ってしまった，といったことはありませんか。

恐らくアドラーの実施していたカウンセリングは，そんな効果があったのではないでしょう。公開型のカウンセリングは，一定の効果が共有されるうちに，独特のカウンセリングスタイルを手法として確立していったのではないでしょうか。もうお気づきの方がいらっしゃるかもしれませんね。まさしく，これがクラス会議の原型です。個人の悩みをみんなで相談しているうちに問題は解決し，同時に，一体感や仲間意識が育っていく，そんな実践です。

クラス会議については，拙著を参考にしていただければと思います*[2]。

精力的に活動をしていたアドラーでしたが，ユダヤ人である彼はナチズムの台頭とともに，迫害を恐れてアメリカに渡りました。そして，1937年，講演先で亡くなりました。その後，ルドルフ・ドライカースら弟子に引き継がれ，整理や発展が加えられ，現在に至っているといわれます。

さて，ここまで大雑把にアドラー心理学とアドラーについて説明してきました。私の個人的な解釈も混じり込んでいますので，お詳しい方にとっては乱暴な説明に感じられたかもしれませんが，どうかご容赦願いたいと思います。ところで，第一次世界大戦の頃に遠い外国の地で発展してきたこのアドラー心理学が，なぜ，現在の私たちの国の学校教育において，受け入れられているのでしょうか。そこには，現在も多くの先生方を悩ませている「学級崩壊」「いじめ」「不登校」などのクラスを舞台にした種々の問題があります。次節では，さらに「なぜ，学級経営にアドラー心理学が有用であり必要なのか」について考察を進めたいと思います。

【注】
＊2　赤坂真二『クラス会議入門』明治図書，2015

【参考文献】
• アレックス・L．チュウ著，岡野守也訳『アドラー心理学への招待』金子書房，2004
• 岸見一郎『アドラー心理学入門　よりよい人間関係のために』ワニのNEW新書，1999
• 和井田節子「九　アドラー心理学」（「月刊学校教育相談」編集部編『相談活動に生かせる15の心理技法』（ほんの森出版，2004）所収）
• 赤坂真二『先生のためのアドラー心理学』ほんの森出版，2010

なぜ，学級経営にアドラー心理学なのか

① ある「学級崩壊」の様相

アドラー心理学の教育的効果を語るときに，子どもたちの不適切な行動への対応から語られることがあります。理解の入り口としてはそこからのアプローチがわかりやすいように思います。現在，どこの学校にお邪魔させていただいても，落ち着かないクラスが話題となります。自分のクラスが学級崩壊してしまうのではないかと心配な先生方も多いようです。一方で，クラスの荒れをイメージできない方もいます。キャリアが数年で，クラスの荒れを経験したことがない先生方です。もちろんその方の力があるからそうした事態を招いていないとも言えますが，たまたま運がよく，荒れとは無縁のクラスを担任してきただけかもしれません。しかし，キャリアを積めば，段々と大変なクラスを任されることになるのは間違いありません。そこで，ここでは具体から入りたいと思います。次に紹介するのは，私が，ある年の高学年を担任したときの忘れ難いワンシーンです。

Episode 0

新任式の日，私は緊張感と期待に胸をふくらませて教室に入りました。しかし，私を見る子どもはほとんどいませんでした。特別に大声を上げるわけでもなく，かといって，静まることもなく，ある者は机の下に潜り，また，

ある者は後ろのスペースで車座になって，それまでと同じようにおしゃべりをしていました。そう，「まるで私がそこにいないかのように」時間が流れていました。少し落ち着きを取り戻し，教室を見渡すと私をチラリと見ている一団がいました。後方で車座になっていた女子グループが，面倒くさそうにこちらを眺めていました。

そのときです。バタバタバタ！と激しく音を立てて，廊下を走る足音がしました。廊下に出ると，逃げる２人の男子を１人の男子が追いかけていました。「待て！　テメエら，殺すぞ，コラァ！」と，追いかけている子が叫んでいました。私は逃げる２人の前に立ちはだかり，怒鳴りながら追いかけてくる子との間に入りました。走ってきた子は，私の体にぶつかるかぶつからないかのところで止まりました。ハアハアと肩で息をしながら，上目遣いで私を睨みました。「教室に入ろう」と声をかけると，彼はさらに鋭い目つきになり，「ハア？　死ね……」と吐き捨てるように言いました。

「何があったの？」と聞くと，「こいつらが俺を馬鹿にした」と言います。逃げていた２人に「そうなの？」と確かめるとすんなりと認め，私が何か言おうとする前に，いや，何も言わせないかのように「ごめんね」と謝りました。すると，追いかけていた子の目つきが少し和らぎました。改めて３人に「さあ，入ろう」と言うと，今度は教室に入りました。そのとき，謝った２人が目配せをしてニヤッと笑って，小さな声で言いました。「こう言っておけばいいんだよな。」

教室に入り，今度は机の下に潜っている男子や後ろで車座になっている女子に，「自己紹介したいから席に着いてもらえないかな」と声をかけました。彼らはまるで体に鉛がついているかのような緩慢さで，足の裏を引きずるようにして着席しました。

次の日，国語の授業を始めようとすると，ある男子が手に持っている物を見て目を疑いました。昨日の，怒鳴りながら廊下を走っていた男子です。長さ10㎝くらいのナイフでした。小型ですが，おもちゃではないことはすぐにわかりました。彼は，右手にナイフを持ち，左手の指をいっぱいに開いた状態で机上に置き，「チクショウ！　チクショウ！」と言いながら，指の間を高速で移動させて，ナイフを突き刺し始めました。私は，「それ，しまいましょ」と言いました。彼の座席は四方が他の子どもたちによって囲まれていたので，取り上げたり，注意したりして刺激すると周りの子どもたちの安全が確保できないように思ったからです。彼は面倒くさそうに私に視線を向けながら，首を少し傾けてナイフの先端を私に向け，こう言いました。

「先生，教師は子どもを殴っちゃいけないんですよねぇ。」

他の子どもたちは固唾を飲むようにして，私と彼とその間で光る金属を見つめていました。

みなさんならば，このようなとき，どうするでしょうか。また，このような状況のクラスをどのように指導するでしょうか。

② アドラー心理学への注目

彼らに出会うまでも私の担任するクラスが安定していたとは思いません。ルール違反やケンカ，高学年女子の逸脱行動，いじめや不登校傾向などの一般的な生徒指導の問題は，「いつも」そして「それなり」にありました。しかし，それらは特定の子が起こす問題でした。このクラスのように問題行動を起こす子が，日替わりで登場し，また集団化した逸脱行動をするようなことはありませんでした。ましてや，刃物を持って教師を挑発するような子はいませんでした。まだ，学級崩壊という言葉が今ほど学校教育において存在感をもつ以前の話です。

現在，私が校内研修でかかわらせていただく学校でも，これほどではありませんが，しんどい状況は，少なからずお聞きします。学年崩壊している「最高学年」が，授業時間中に中庭でドッジボールをして遊んでいたとか，３年生からの持ち上がりの学級で，４年生の１学期まではなんともなかったのに，２学期から急に荒れてきて担任の言うことを聞かなくなったというような話などは，珍しい話ではありません。学級崩壊と呼ばれる集団機能が著しく低下した状態は，様相を少しずつ変えながら現在もあちこちの地域で見られているようです。こうした現象は，

沈静化し出したどころか，広域化し，日常化した

感じさえします。

こうした現象を解決するマニュアルは現在，見当たりません。マニュアルがあったら解決していることでしょう。しかし，学級担任を含む現場の最前線に立つ担当者は，指をくわえて見ているわけにはいきません。「なんとかしなくてはならない」のです。とはいえ，闇雲に手を出してもうまくいきません。現状を理解し，対策を講じなくてはなりません。風邪だとわかるから

処方箋が出るわけであって，それを理解しないことには対策の講じようがありません。

そのときに，アドラー心理学はかなり有効な示唆を与えてくれます。現在，私や私のゼミ生が，学校やクラスをご支援できるのは，アドラー心理学を学んでいるからと言っても過言ではありません。もちろんアドラー心理学だけで，支援策を立てているわけではありませんが，その骨格であることは間違いありません。しかし，ここでお断りしておきたいのは，私やゼミ生が，アドラー心理学の全てを包括的に理解しているわけではないということです。アドラー心理学はとても幅広く奥深い理論体系です。私たちは，学校教育という限定された分野への適用をしているだけです。ただ，そうした

限定的活用でも，十分に効果を発揮し得る

ところがアドラー心理学の魅力とも言えるでしょう。

日本で学校教育におけるアドラー心理学の適用が始まったのは，1980年代だと見ています。先駆的な実践が行われ，成果を上げていたようです。しかし，学校教育への適用の可能性が注目され出したのは，やはり学級崩壊の存在が影響しています。学級の機能低下が話題となり始めた1990年代，クラスの“荒れ”は，子どもたちの心の“荒れ”として捉えられました。そして，2000年前後に，実に様々な心理的アプローチが学校現場に紹介されました。多くの教師たちがカウンセリングを学んでいました。しかしその一方で，スクールカウンセラーとして多くの学校や教師を支援してきた諸富祥彦氏は，それらのアプローチに対して「さまざまな心理学理論のなかで，学級経営や生徒指導の問題に直接使えて，しかもききめのある理論はほとんどないのが実情」であると指摘しました*[3]。そして，その諸富氏が「学級経営や生徒指導の具体的な指針を与える」ものとしてその有効性に注目したのが，アドラー心理学でした。今では，「『学校で活かせるカウンセリング』の代表選手」とまでいわれるようになりました*[4]。

それでは，なぜアドラー心理学が，学校における子どもたちの諸問題に対して有効に働くのでしょうか。

【注】

＊3　諸富祥彦『学校現場で使えるカウンセリング・テクニック　上・下』 誠信書房，1999

＊4　会沢信彦「1　学級づくりと授業にカウンセリング・テクニックをこう生かす！」諸富祥彦編集代表，会沢信彦・赤坂真二編『チャートでわかる　カウンセリング・テクニックで高める「教師力」第1巻　学級づくりと授業に生かすカウンセリング』ぎょうせい，2011

アドラー心理学で
クラスが変わるのは本当か

① クラスを健康な状態にするマネジメント

アドラー心理学を適用すると教育が変わるとか，子どもやクラスが変わるとよくいわれます。それは本当なのでしょうか。

アドラー心理学に基づく教育の代表的な方法論にクラス会議があります。クラス会議を実施してきた先生が，あるとき行事などのやるべきことが立て込んできて，日々の業務を「こなす」ことでいっぱいいっぱいになり，クラス会議をやらないでいたことがありました。そんなある日，なんだかクラスの調子が「おかしい」と感じたそうです。それはちょうど，

クラス全体が風邪を引いたような感じ

だったそうです。それでクラス会議を再び始めました。すると，また，クラスは元の「感じ」に戻ったそうです。みなさんは，この感覚なんとなくわかりますか。「クラスが風邪を引く」という感じです。実際に風邪を引くと自分の体が自分のものでなくなるような感覚になる方もいるでしょう。「クラスが風邪を引いた」というのはそんな「いつもと違う」様子を表現したのだと思います。それは，自分の担任するクラスでありながら，「なじみのないクラス」のような感じがしたのかもしれません。

私はこのお話をお聞きして「うまいことを言うな」と思いました。この話はクラス会議の話だとは思いますが，クラス会議は，アドラー心理学に基づく教育のエッセンスをギュッと絞って集めたようなものなので，アドラー心理学に基づく学級経営の特徴をよく表している話だとも思いました。アドラー心理学の学級経営における機能を端的に示すと，

クラスを健康にすること

だと言えるでしょう。

アドラー心理学に基づく教育を理解するときに，よく最初に取り上げられるのが，子どもたちの「問題行動」への対応です。これがあまりにも的確でわかりやすく，しかも効果があるので，ついついそこばかりに目を奪われがちです。しかし，そこだけに目を奪われると，アドラー心理学が教育や子育てにおいて投げかけている本質的な問いを見誤ることになるでしょう。子ども個人の問題行動については，また，頁を改めて言及することにしたいと思います。

アドラー心理学では，子どもたちの問題行動に対応するときに，

適切な行動に注目しよう

といいます。このことを理解するときには，ある特定の子どもの事例を挙げて，分析をした方が理解しやすいわけです。アドラー心理学は，日本においては，学校教育への適用よりも，保護者を対象とした子育てへの活用の方が広がりが早かったと思います。よって，個の子どもへの対応，それも「問題行動」への対応がよく知られるようになっているのではないでしょうか。それを捉えて，「アドラー心理学は，まず問題行動ありきだ」と批判するのは的外れではないでしょうか。

② 「ご機嫌クラス」「不機嫌クラス」あなたはどちらの担任がご希望ですか

「子どもの適切な行動に注目しよう」という方針は，そのまま学級経営の方針として活用できます。しかも，現代の学級経営において，多くの教室で忘れられがちな，とても大切なことを指摘してくれています。

子どもたちが必要とする支援には，下図のような段階があると考えられます。一次支援とは「全体指導での支援」です。先生方が，「挨拶は元気にしましょうね」とか「今日は，みんな姿勢がいいですね」と普通にやっていることです。二次支援とは「全体指導における個別支援」です。机間指導などはこれに当たるでしょう。三次支援とは「個別支援」です。これには，より専門的な知識や技術が求められます。三次支援や二次支援は，近年，特別支援の理論と技術が現場によく知られるようになり，現場の先生方もとてもよく学ばれていると思います。

しかし，その一方で，子どもたちの数で言えば，圧倒的多数である一次支援については，多くの教師が感覚でやっているのが現状ではないでしょうか。もちろん，とても適切な感覚でやっておられる方もいます。だから，感覚全てが悪いとは申しません。しかし，特別支援のように理論や共通事項がない

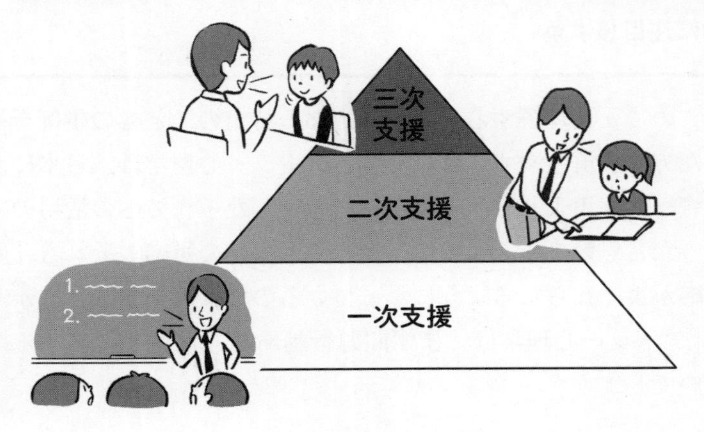

ので，やっている先生はやっているというレベルなのです。つまり，教師によって受けられる指導が異なっていて，本来なら伸ばされる能力も伸ばされていないということが起こり得るのです。問題を起こさないから，また，気にならないから，支援をしなくていいのでしょうか。

一次支援レベルの子どもたちのケアをせず，二次支援，三次支援だけをしているということは，特別な支援が必要な子どもだけに注目をしていることになります。これは，不適切な行動や気になる行動をした方が，教師のケアを受けられると感じたり考えたりして，そうした行動を始める子どもたちが出てくる可能性があります。機能が低下したクラスの支援をしていて気づかされるのは，二次支援レベルの子どもたちが，三次支援レベルの行動をしたり，一次支援レベルの子どもたちが，二次または三次支援レベルの行動をしたりすることによって，混乱していることです。

「適切な行動に注目する」ということは，集団指導においてこそ重要

な考え方なのです。

問題行動をしている子どもたちばかりに注目し，そこにばかりかかわっていること（子どもたちにそうやって受け取られてしまっているということ）は，学級経営の観点から見るととても危険なマネジメントです。アドラー心理学は，適切な行動をしている子どもたちは誰かを見極め，そして，その子どもたちに相応の注目をするよう教師を促します。クラスの健康を保つには，それなりの理論と技術があるわけです。アドラー心理学を学ぶことによってクラスが変わるかどうかは，求めるレベルによって異なるでしょうが，少なくとも「健康な状態」にはなると思います。

あなたが，大多数の子どもたちが健康な適応状態にある「ご機嫌クラス」の担任になるか，大多数の子どもたちが不健康な適応状態にある「不機嫌クラス」の担任になるかは，「あなたが子どもたちのどんな行動に注目するか」次第なのです。

完全「学級崩壊マニュアル」

本当は彼女と付き合う自信がないから

クラスが荒れて困っている先生方から相談を受けます。相談をしようという方は，そこから回復する可能性があります。したがって希望があります。なぜならば，回復しようとする意志があるからです。しかし，同じように相談をもちかけておいて，愚痴を言うだけの方もいます。そういう方は，回復がかなり難しい状況に陥っている（ほぼ，無理）と言わざるを得ません。

クラスが荒れる場合は，独特のパターンがあります。回復する人は，そのパターンを変えることによって荒れから抜け出すことができます。しかし，回復できない人は，そのパターンが変えられない，いや，変えようとしないのです。アドラー心理学風に言うと，

> 変える勇気がくじかれている

状態です。ここでは，勇気をやる気とか意欲くらいに捉えておいてください。そういう方には，助言をしてもあまり効果がありません。次々とできない理由を挙げます。助言する度に，「そうですよねぇ……でも」とか，「わかってはいるんですけどねぇ……しかし」と，助言を聞くようなふりをして，否定をします。

無理もありません。こういう方は，問題が解決することを望んでいないのです。「え？　そんなバカな」と思われますか。しかし，

人は，問題を解決しないことを選ぶこともある

のです。「問題を解決する」ための行動コストより，「我慢する」という行動コストの方が楽だとどこかで判断している場合は，改善のための行動をとろうとしません。

身近な例で説明しましょう。「ボクに彼女ができないのは，太っているからだ」としょぼんとしている男性がいました。そこで「じゃあ，ダイエットしてみたら」と助言してみました。すると彼は「やせたい，やせたい」と言いながら，相変わらず高カロリーな食事を続けていました。これは，ダイエットが嫌だということよりも，本当は彼女が欲しくないのです。彼女をつくるためにダイエットするという行動コストよりも，彼女をつくる方が行動コストが高いと判断している可能性があります。そのため，

太ったままでいることを選んでいる

わけです。

こうした例は，探せばいくらでもあると思います。赤面してしまって人前でうまくしゃべることができないという人がいます。これは，人前でしゃべりたくないから赤面という症状をつくり出していると考えられます。また，不登校傾向の子に「どうして学校に行きたくないの？」と問うと，「勉強が難しい」「仲良しの友達がいない」「いじめられる」という風に，聞く度に理由が変わる場合があります。この子は，嫌なことがあるから学校に行きたくないのではなく，学校に行きたくないから，そのための理由をつくり出していると考えられます。人は，問題解決のための意欲がくじかれると，問題解決をしないための理由をつくるということがあります。

「クラスを立て直せない」と嘆いているだけの方は，

本当は，クラスを立て直すための努力をしたくない。

つまり，クラスを立て直したくないという状態に陥っているのかもしれません。クラスが荒れてしまって，その状態が一定期間続くと，教師は，それを立て直す意欲を奪われてしまいます。そうなってしまってからでは，やれることをかなり制限されてしまいます。そこで，ここでは，クラスの荒れに早めに気づくために，学級崩壊の過程を記述してみたいと思います。

もし，今，クラスの状態がうまくいっていないとしたら，また，うまくいっていないことはないけどなんとなく不安な方は，どこかに当てはまっていないかチェックしてみてください。誰でもできる簡単「学級崩壊マニュアル」です。

② 学級崩壊をさせる方法

学級を崩壊させることはとても簡単です。

①「気になる子」を見つける

反抗的な子，非協力的な子，授業中によく私語をする子，立ち歩きがちな子，勉強のできない子，甘えん坊の子，どんな子でもいいです。例えば，最もわかりやすい反抗的な子を例にとりましょう。

②注意をし続ける

反抗的な子が，授業中にあなたの指示に従わなかったとします。最初は，優しく声をかけてみてください。最初ですから，ソフトにいきましょう。しかし，その子は言うことを聞きません。そこからさらに数度，声をかけてみてください。それでもきっとその子は言うことを聞きませんから，段々と声を大きくしてみましょう。そうですね，語気を強めるとさらに効果的ですね。

このままでは，周囲の子に「示し」がつきませんから，ちょっと怒鳴ってみましょうか。ひょっとしたら，しぶしぶ言うことを聞くかもしれません。しかし，その子は，日を変え，場所を変えて同じようなことをしてくれるでしょう。そうしたら，ぜひ，前と同じようにやってみてください。前回，怒鳴ったらうまくいったではありませんか。怒鳴るのが苦手な方は，声をかけ続けてくださいね。クラスを荒らすためにも，繰り返しが大事です。

③他の子どもたちが落ち着かなくなったら，その子どもたちも注意する

やがて，クラスは少し落ち着かなくなってきます。「気になる子」以外の

子が，授業開始時刻を守らなかったり，授業に集中しなかったりします。もちろん，「気になる子」同様，その子どもたちも見逃さないでくださいね。しっかり注意してください。注意して聞かなかったら，もっとキツく言ってあげましょう。もし，授業時間に遅れたら少し長めにお説教してあげましょう。また，朝の会で挨拶をきちんとしなかったら，何度も何度もできるまでやり直しをさせましょう。挨拶は，生活の基本ですから。

これくらいになると，先生のことを馬鹿にしたり，挑発したりする子どもたちも出てくるかもしれませんね。おめでとうございます。子どもたちは学級崩壊に向けて着々と成長しています。そういう子どもたちの挑発には，きちんとのってあげてください。からかってきたら，ちゃんと怒ってあげましょう。受け流すなんてもってのほかです。挑発にのらないなんて誠実な教師のすることではありません。

④ちゃんとやっている子どもたちのことはスルーする

たとえ，ルールを守ったり，しっかり学習をしている子がいたとしても，間違っても，その子どもたちをほめたりしてはいけません。そんなことをしたらこれまでの努力が台無しです。ルールを守ることや学習をすることは，当たり前のことですから，ほめるなんてもってのほかです。

⑤あとは，クラスが崩壊するまでじっと待つ

こうした地道な努力をしていると，それまでルールを守ったりしっかりと授業を受けたりしていた，今まで「ノーマーク」だった子どもたちが，ルールを破ったり，うつろな目で授業に参加していたりするようになります。こうなったら，しめたものです。クラスの荒れは，順調に進行しています。学級崩壊まで，あと少しです。これくらいになると，先生の言うことを聞かないだけでなく，子ども同士の仲の悪さが顕在化してきます。いや，ここまで

にそういうことはあちこちで起こっていたのです。しかし，「子どもたちってこんなものだから」と見逃していたのです。または，不適切な行動をする子どもたちに目を奪われていて気づかなかったのです。

クラスみんなで笑い合ったことは過去の思い出です。その代わり，時々，馬鹿にしたような笑いが起こります。目立たない子を，陰でいじめるかもしれません。小学校の中学年以上になれば，特に女子の間で，こそこそ話は日常化し，睨んだ，睨まれたなんて訴えが頻発することでしょう。この頃になれば，朝になると保護者からの連絡帳が教卓に数冊重ねられていることでしょう。もちろん，「うちの子がいじめられている」「○○ちゃんに意地悪をされています」「学校に行きたくないと言っています」などの訴えです。でも，不思議なことに授業は成り立っているように見える場合があるのです。一部，私語をしたり，立ち歩いたり，教室を抜け出したりするような子がいることにはいます。ただ，授業は淡々ととりあえず流れているのです。しかし，クラスの雰囲気は淀み，あなたに話しかける子はごくわずか，子どもたちはただ「そこにいる」日々です。

これで学級崩壊の出来上がりです。

学級崩壊はある日突然起こるのではありません。

教師の働きかけの積み重ねによって創り上げられる

のです。

教室で起こることのうち，よいことやそうでないことのほとんどが教師の働きかけの結果です。バラバラなやり方を無計画で行う「つぎはぎ教育」や，少しうまくいかないとすぐ次のことを始めるような「ウィンドウ・ショッピング実践」を繰り返していては，クラスを落ち着かせることも子どもたちに学力をつけることも，到底できないのです。

あなたは教師として，ブレずに子どもたちに伝え続けたいものはありますか。教育的効果を実現するものとは，あなたの教師としての一貫性なのです。

完全「学級崩壊マニュアル」

1. 「気になる子」を見つける
2. 注意をし続ける
   ○追いつめる　○挑発にのる
3. 他の子どもたちが落ち着かなくなったら，その子どもたちも注意する
4. ちゃんとやっている子どもたちのことはスルーする
5. あとは，クラスが崩壊するまでじっと待つ

見方が変われば
現実が変わる

原因を探ることが習慣になっていませんか

① あなたの気になる子

アドラー心理学は，近年，世間によく知られるようになりました。広がっているということは，わかりやすいからであり，また，役に立つからだと思います。その一方で，少しわかりにくいところもある奥深い理論体系だと感じています。

アドラー心理学を理解するには，その基本前提を理解する必要があります。基本前提とは，寄って立つ仮定と捉えてください。「こういう考えに基づいています」という立場です。研究者や主張する方によって表現の違いはありますが，「目的論」「全体論」「対人関係論（社会統合論）」「認知論（仮想論）」そして，「個人の主体性」です。アドラー自身が各論を項立てて説明しているわけではありませんが，後世の弟子や研究者たちがアドラーの理論を分類して整理するとこうした要素に分けられるということです。

学校教育，特に学級担任にとって最も有効で即効性があるものといったら「目的論」ではないでしょうか。「目的論」を知り，そうした考え方をもつことによって生徒指導や気になる子の指導，そして何よりも学級経営が変わることでしょう。

ある事例に基づき「目的論」について考えてみます。これが理解できると，「学級崩壊マニュアル」の逆の，「学級崩壊克服マニュアル」を作成できるか

アドラー心理学の基本前提

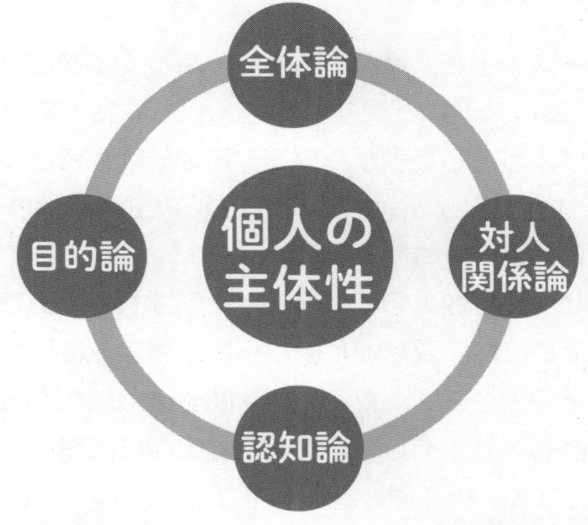

もしれません。みなさんも，事例を読みつつ，ご自身の現在気になる子を思い浮かべてみてください。 みなさんは，その子のどんな行動が気になりますか。また，その子が気になる行動をしているときには，どんな感情が湧きますか。

②ツヨシ君の場合

Episode 1

小学校４年生のあるクラスの朝の会でのことです。

朝学習で，読書をしていたツヨシ君。本が大好きな彼は，朝の会が始まる時間になっても読書を続けていました。担任は職員打ち合わせで，まだ教室には来ていません。しかし，朝の会を始める時間になったので，日直が黒板の前に出てきました。日直が，まだ，本をしまっていない子どもたちに「本をしまってください」と声をかけました。しかし，彼は，それが聞こえるのか聞こえないのか，構わず本を読み続けていました。そこで，周囲の数人が「読書，やめて」「ツヨシ君，やめよう」と注意をしましたが，彼は反応しませんでした。

業を煮やした一人の子が，席を立ち，歩み寄り，本を取り上げようと手をかけたそのときです。彼は，「何するんだ！」と猛然と怒り，暴れ出しました。本を取り上げようとした子が，ツヨシ君のそばから逃げるとそれを追いかけました。追いかけている途中に，目についた縦横30cm，高さ50cmほどのゴミ箱を何度も何度も踏みつけました。

担任は，血相を変えた数人の子どもたちに呼ばれて急いで教室に行き，扉を開けました。そこには，涙を流しながら顔を真っ赤にしたツヨシ君がいました。そして，その周りには，ツヨシ君を囲むようにして怯えたような表情で立ち尽くす子どもたち，そして，ツヨシ君の前には粉々になったゴミ箱がありました。

みなさんがこのクラスの担任で，このような状況に出くわしたらどのような感情や思いが湧きますか。子どもたちを落ち着かせるとか，ツヨシ君に指導するとか，教師としての具体的な行動をする前に，もう既に指導は始まっているのです。その方向性を決めるのが，教師である

あなたの感情

です。

こうした子どもたちは，インプット（刺激）とアウトプット（反応）の格差がとても大きくなることがあります。このような場合，多くの子は，「あ，ごめ〜ん」と言ったり，口を尖らせて「なに，するんだよ〜」と不満を口にしたりする程度ではないでしょうか。本を取り上げられたからといって，ゴミ箱を壊したり机や椅子をなぎ倒したりするような大立ち回りをする子は，そうはいないことでしょう。

過去にこうした子を担任したことがある方やそれなりの勉強をされている方ならば，冷静に対応できるかもしれません。しかし，「なぜ，こんなことをするの⁉」と不思議に思ったり，「一体どうなっているの！?」と困惑したりする方も少なくないだろうと思います。また，【エピソード０】（p.26）のように，出会ってから数日の子にナイフを突きつけられたら，正直言って「怖いな」と思いませんか。

そんなときに，本を読んで対応法を探してみます。すると，生徒指導関連の書籍の中には，「教師を試す行動には毅然と対処する」なんて書いてあるものがあります。また，従来から生徒指導では，「子どもたちに舐められたらおしまい」とか「反抗的な言動に引き下がっては，教師の威厳を示すことができない」なんて書いてあるものもあります。

実際に，子どもたちの「やんちゃな行動」に困惑している若手教師を見るに見かねて，「あなた，舐められているんだよ，ビシッとするところはビシッとしなくちゃね」と助言をするベテランもいらっしゃいます。しかし，その言葉を真に受けて，急に厳しくし出した若手の教師が，子どもたちに嫌われてしまって，さらに酷い状況になってしまうこともあるようです。

「毅然と」とか「ビシッと」の意味を取り違えると，今の教室では大変なことになる

のです。

 理由は原因だけではない

まずは，癖の話です。私たちは，人の行動を理解しようとするときに原因を考えようとする傾向があります。その傾向は，誰かに不利益を負わされたときや誰かが理解できないことをしたときに顕著になります。学校においては生徒指導場面で，こうした捉えがなされることが一般的なようです。「どうしてあの子は学校に来ることを渋るのだろうか」「どうしてあの子はやる気が出ないのだろうか」「どうしてあの子はいじめるのだろうか」などなどです。

人の行動の理由を考えるときに原因を求めてしまうことは，私たちの癖になってしまっている

と言っても過言ではありません。

しかし，この「なぜ」とか「どうして」といった思考法には落とし穴があります。教室における問題行動のほとんどは，人間関係の問題です。教室で起こることは，特に人間関係の問題は，複雑な要因が絡み合うシステムの中で起こっています。複雑なシステムの中では，特定の原因を見つけるのが難しいのです。そもそも特定の原因があるのかもはっきりしません。「どうしてツヨシ君はキレるのだろうか」と思いを巡らせて，たどり着いた答えはどれくらい妥当なのでしょうか。

原因を探る行為は，実は適切な解決策の考案や実行が難しいのです。もし，キレる問題が，発達に起因するものだったらどうでしょう。不登校が，家族の問題からきているとしたらどうでしょう。また，意地悪としているのが性格上の特性だったらどうでしょう。それを解決するためにどれだけのことが教師にできるのでしょうか。そもそも，原因を探るということは，それが，解決策の糸口になるからですよね。しかし，その因果関係のはっきりしないことに切り込んでいくにはリスクが大きすぎます。

原因の究明は，因果関係が特定しやすいものには有効です。しかし，複雑なシステムにおける問題解決は不得手だと言えます。

理由は原因だけではありません。

アドラー心理学では，人の行動の理由を，原因には求めません。目的に求めます。それが目的論です。目的論に立つことで，複雑に絡み合った問題も実にシンプルに理解することが可能です。

見方を変えると
やるべきことが見えてくる

① ご飯を食べる理由

ちょっと考えてみていただけますか。

みなさんは，お腹が空くからご飯を食べますか，それとも空腹を満たすためにご飯を食べますか。

どちらでしょうか。まあ，どちらでもいいですね。この場合，どちらであろうと私たちの日常生活には何か影響があるようには思えません。しかし，

こうした考え方の違いが，気になる子の指導や問題行動への対応では大きな差異を生みます。「人は原因があるから行動する」と考える立場が原因論です。したがって「お腹が空くからご飯を食べる」というのは，原因論の立場です。それに対して「人は目的に向かって行動する」と考える立場が目的論です。したがって「空腹を満たすためにご飯を食べる」というのは，目的論の立場になります。

前者に立つと，「子どもたちの気になる行動や問題行動には原因がある」と捉えることができますが，後者に立つと，「それらは目的に向かって起こる」と捉えることができます。学校現場ではついつい原因論に立ってしまうことが多いのではないでしょうか。例えば，友達に暴力を振るったり意地悪をしたりする子がいると，「あの家庭の子はしつけがなっていない。お兄ちゃんもそうだった」とか，「あの子は，ああいう性格なんだよ。低学年の頃からそうだった」とか，「昨年のクラスでは，あれが見過ごされていたんだよね」などともっともらしい原因が探られます。また，真面目な先生ほど，「私の指導がダメだから」などと自分を責めたりします。このように生徒指導場面では，家庭が悪い，性格が悪い，前年の担任や他の教師が悪い，そして，自分が悪い，と「悪者探し」をしがちです。

② 子どもたちはお見通し

しかし，目的論に立つと同じ行動でも違って見えてきます。意地悪をするのは，「相手の気を引きたい」のかもしれません，「一緒に遊びたい」のかもしれません，また，「ストレスを発散したい」のかもしれません。

目的論に立つことで，悪者探しが起こりにくくなる

のです。このことは，その後の指導に劇的な違いを生むことでしょう。悪者探しをしているとその子とのかかわりにネガティブな感情が入り込みます。

何らかの落ち度がその子やその子を取り巻く環境にあると捉えてしまうわけです。ここが指導を難しくします。みなさんは，好きな人と嫌いな人を目の前にしたときの自分自身の変化にお気づきでしょうか。相手を悪い人や嫌いな人だと認識すると，それが表情，言葉，語調，身振り手振り，姿勢などあちこちに出てしまいます。相当な訓練を受けた人でも異なった対応をしてしまうようです。

これらをコントロールしきることは至難の業です。ところが，一方で子どもたちは，

> 相手が自分を好きか嫌いか見抜く天才

です。恐らく，自分に抱かれたネガティブな感情は一瞬にして見破るでしょう。それに気になる子どもや問題行動を繰り返す子どもは，叱る，注意するなどのネガティブな対応を受けることに慣れている可能性があるため，教師にその気がなくても，その行動や態度やかけた声が，マイナスにとられてしまうことがあります。

教師が穏やかに「どうしてそんなことしたの？」と純粋な疑問で尋ねたとしても，子どもたちの方は，「そんなことをするなんて信じられない」「それはやってはいけないことだ」と，責められているように捉えるかもしれません。しかし，目的論に立って気になる行動や問題行動を見てみると，それは目的を達成するための方法であり，この子は今，適切な方法がわからないだけなのだと捉えることができるでしょう。すると，目の前の子は，「困った子」ではなく「困っている子」になるはずです。このように捉えることで，気になる子や問題行動をする子に対するネガティブな感情の発生が抑制されることが期待できます。その分，その子とよい関係になれる可能性が高まり，指導や支援の可能性が高まります。

教師のやるべきこと

また，原因論に立つと，教師の意識や指導や支援を難しいところに向かわせます。家庭に原因を求めたとしましょう。今時，保護者に「なんとかしてほしい」とどれくらいの教師が言えるでしょうか。明白な過失が子どもたちにない限り（いや，あったとしても），教師の指導力がないと思われてしまいます。また，原因を子どもたちの生育歴や過去の教師の指導に求めたとしましょう。子どもたちの過去にかかわることができるでしょうか。それこそ，「お手上げ」です。親のしつけや過去の教師の指導を責めたところで何になるでしょうか。

一方で，気を引きたい，一緒に遊びたい，ストレスを発散したいなどの目的は，これから，つまり未来にあります。教師は

子どもたちの「これまで」にかかわることはできないが，「これから」にはかかわることができる

のではありませんか。また，今，誤った方法で目的を達成しようとしている

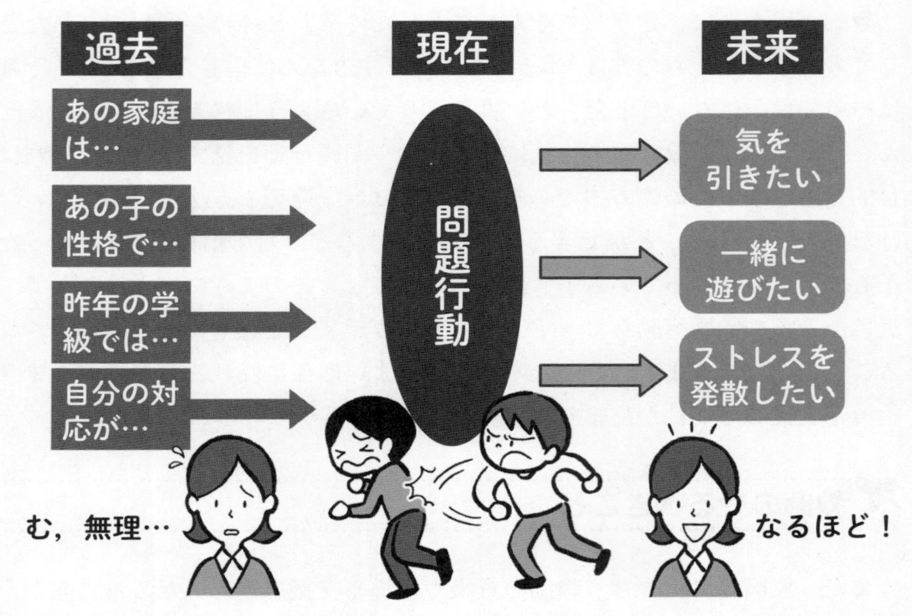

わけですから，今，正しい方法を教えてあげればよいのです。「そうは言うけど，その指導法がわからないんだよね」とおっしゃる方がいるかもしれませんが，これは，行動コストの比較の問題です。子どもたちの過去や家庭にかかわろうとするよりも，現在や未来にかかわる方がはるかに楽なはずです。また，過去や家庭で起きていたこと，つまり原因は不確定要素が多すぎます。学校側のもっている子どもたちの過去や家庭に関する情報は，断片的で一方的なものです。教師がもっている家庭のイメージは，噂レベルのことがほとんどです。実際の家庭の様子は，一緒に暮らしてみないとわからないのではありませんか。そうした不確定な情報で，子どもたちのことをわかった気になるということはとても恐ろしいことではないでしょうか。

ただ，もちろん，目的も確かなものとは言いきれません。しかし，原因よりは妥当性が高いのではないでしょうか。過去のもつれた糸を解きほぐすよりも，

これから子どもたちが何をしようとしているのかを考える方が，よほどシンプルで取り組みやすい

のではないでしょうか。

子どもたちの気になる行動や問題行動のほとんどは教室で起こっているのではないでしょうか。言い方を変えれば，教師にとって気になるのは，教室で起こっているイレギュラーな行動なのではないでしょうか。目的論に立てば，子どもたちの教室における気になる行動や問題行動にも目的があるということです。子どもたちの目的を理解すれば，その対応が見えてきそうです。

それでは，子どもたちの教室における行動の目的とは一体何なのでしょうか。それを知ることで，あなたの教室の気になる子や問題行動をする子の見え方がきっと変わると思います。見え方が変わったら恐らくあなたの指導が変わります。また，今やっている指導に自信がもてるかもしれませんよ。

子どもたちも必死なのです

教室における子どもたちの目的

人間の行動には目的がある。したがって，子どもたちの教室における行動にも目的がある。

目的論に基づく子ども理解はこうした考え方に立ちます。そのように考えると，「子どもたちの問題行動にも目的がある」ということになります。子どもたちの行動の目的を知ることによって，彼らの問題行動のメカニズムを知ることが可能になるでしょう。

子どもたちの目的を知る手がかりとなるのが私たちの感情です。私たちにとって感情は，人生を豊かにしてくれるとても大事なものです。しかし，同時にしばしば事実の認識を妨げてしまうことがあります。子どもたちの問題行動は，私たちの感情を揺さぶります。それは，「わからない」ことに起因することが多いように思います。しかし，問題行動がどのようなプロセスや仕組みを経て生起されるのかがわかれば，感情が大きく揺さぶられることは起こりにくくなり，理解ができます。理解は私たちを冷静にしてくれます。冷静さは，問題行動を繰り返す子どもたちに寄り添おうという教師としての使命感や人としての愛情を喚起してくれることでしょう。寄り添うためには，理解することが出発点になるのではないでしょうか。

では，教室における子どもたちの目的とは何なのでしょうか。優等生的な答えは，勉強する，友達に会いにくるなどでしょうか。先生に会いにくると言ってくれたら教師にとっては嬉しいですね。哲学的な表現が好きな方は，成長しにくるなんて言い方もあるでしょう。研究会で先生方にお尋ねすると，給食を食べにくる，友達と遊びにくる，なんていう答えが返ってくることがあります。

アドラー心理学的には次のように考えます。

みなさんは，電車に乗ったときにまず何をしますか。恐らく，真っ先に座席を探すことでしょう。もし満席だったら，立つ場所を探すことでしょう。つまり身の置き所を確保しようとすることでしょう。では，座席が確保されたら次にすることはどのようなことでしょうか。例えば，結婚式の披露宴などのお呼ばれをしたときのことを思い出してください。会場に着きました。宴の会場に入ると座席表を確認して，テーブルを探しそれが見つかると，名札を見つけてその席に着くことでしょう。その次は何をするでしょうか。恐らく，周囲を見渡して知り合いを探すことでしょう。そして，同じテーブル内で知り合いを見つければおしゃべりを始めることでしょう。テーブル外で

旧知の方を見つければ，席を離れてその方のそばに行き，懐かしい話を始めることでしょう。

②「ジベタリアン」たちの優先事項

私たちは何をしているかというと，自分の身の置き所，つまり

居場所を確保するように行動している

わけです。電車の例では，物理的な居場所を探しています。披露宴の例では，社会的な居場所を確保しようとしています。恐らくそれは安全や安心の確保と直結しているからだと思われます。私たちが生物である以上は安全や安心の確保を最優先に行動せざるを得ません。一方で集団生活をする人間にとって，居場所は物理的なものだけでなく，社会的なものもあります。しかもそれがとても重要です。だから，人は，社会的に所属にやぶれると物理的居場所があっても，自ら死を選ぶことがあるのです。

知らない町に一人で取り残されたら，私たちはとても不安になります。しかし，そこに親しい友人が現れたらどうでしょう。途端に楽しくなります。場合によっては，「ちょっと散策しようか」と冒険も始まるかもしれません。お化け屋敷にも友達と一緒ならば入れます。お化け屋敷に入ろうとする人たちは，怖がっているようですが，命までとられることはないと確信しています。友達という社会的居場所があるからこそ不安に耐え，それを喜びや楽しみにも転じることが可能なのです。

居場所を確保するときに社会的文脈はとても重要です。

電車の例に話を戻すと，満席の場合でも，通路が空いていることがあります。しかし，通路に腰掛ける人はいません。相当に疲労した人だって通路には腰掛けません。先日，ローカル線の電車の通路に腰を下ろしている女子高校生を見かけましたが，グループ数人で同じような行動をとっていました。

こうした若者たちを，「ジベタリアン」と呼んだことがありました。一見，マナーを守っていないように見える行動ですが，ちゃんと彼女たちも社会的文脈を尊重しています。ただ，彼女たちにとって優先すべき社会とは，自分たちの私的グループなのです。そのグループの行動様式，つまり，ルールや掟のようなものを守ることが，一般社会の行動様式を守ることよりも優先されるわけです。恐らく一人だったらしないでしょう。

③ 全ては適応行動

こうして考えてくると，子どもたちの教室における行動の目的が見えてきます。それは，

教室という社会で居場所を確保すること

です。学校においては，子どもたちには，座席という物理的居場所は確保されています。したがって重要なのは，社会的居場所なのです。子どもたちは，教室で居場所を見つけるために様々な行動をします。ある子は，望ましい行動でそれをしようとします。例えば，教師の話をよく聞いたり，学習をがんばったり，何か役があると立候補したり，頼まれた仕事を引き受けたり，活動に協力をするなどのことです。また，ある子は，反対に望ましくない行動でそれをしようとします。例えば，教師の話を聞かなかったり，学習に集中しなかったり，仕事をさぼったり，ウケねらいの発言をしたり，無気力になったりすることです。

子どもたちが，なぜ望ましい行動をし，また，その逆の行動をしたくなるのか探りたくなりますよね。しかし，そう思ったあなたはもう原因論の罠にはまろうとしています。そうは言うものの原因探しが無駄だとは言いません。子どもたちの生育歴や家庭環境といった気になる行動や問題行動の原因と思われる要因を知ることは，彼らの目的を知る上では重要になることはあるで

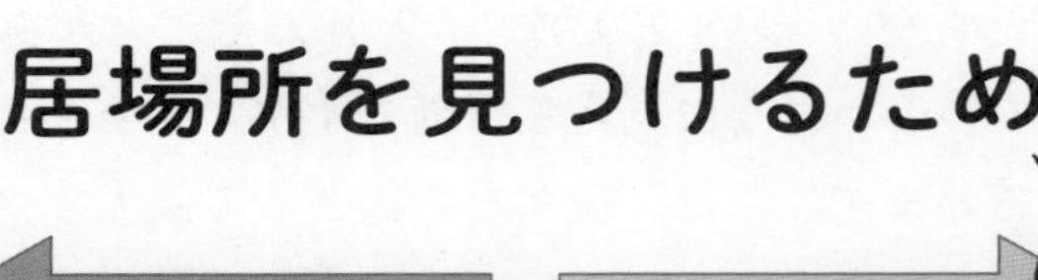

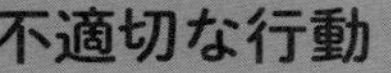

・学習に集中しない
・仕事をさぼる
・反抗する
・ウケをねらう
・無気力になる
・“気になる”行動をする

・学習をがんばる
・教師の話を聞く
・役に立候補をする
・頼まれた仕事をする
・活動に協力する
・役に立つ行動をする

全て適応行動

しょう。ただ，教師がそれを知っても原因を取り去ることはかなり難しいことだと言わざると得ません。それは，これまでに述べた通りです。だから，注目すべきは，「何のために」子どもたちがそうした行動をしているのかという目的です。

教室を立ち歩いている子どもたちにも目的があります，すぐに私語をしてしまう子どもたちにも目的があります。また，あなたに反抗的な子どもたちにも目的があります。それらの行動は，教師にとっては困った行動かもしれません。しかし，子どもたちにしてみれば，それらは，

> 全て適応のための行動

なのです。子どもたちは，教室という不安定な環境の中で居場所を見つけるために必死なのです。

教師や周囲の子どもたちに注意されたり嫌がられたりしてもなお，居場所を見つけようとしている子どもたちひとりひとりの顔を思い出してみてください。これまでと少し異なった感情が湧き上がってきませんか。

不適切な行動のメカニズム

不適切な行動の４つのパターン

① 感情を揺さぶることそのものがねらい

前章までに，子どもたちの気になる行動や問題行動の目的は，社会的文脈をもっている，つまり，居場所を確保することだと言いました。これらの行動は，大人にとって感情を揺さぶる実に困った行動なわけですが，それは，子どもたちなりに必死に適応しようとしているが故の行動というわけです。大人の感情，とりわけネガティブな感情を揺さぶるので，なかなか大人たちが素直に支援しようとは思わないのではないでしょうか。支援しようと思っても，「死ね」とか「うざっ」などと言われるとこちらもイラッとします。しかし，

それこそが，彼らの目的

なのです。

「死ね」とか「うざっ」とかというのは，赤ちゃんの泣き声と同じ働きです。赤ちゃんは，「お腹空いた」「寒い」「さびしい」と言葉で訴えることができません。だから，全力で不快感を泣き声に込めて訴えます。大人たちも，赤ちゃんは泣くものだと思っているから，泣き声の大きさに少々イラッとすることはあるかもしれませんが，「おお，どうしたの～，おなかちゅいたの

～？」と赤ちゃん専用の言葉とイントネーションで赤ちゃんの内なる感情を言語化しながら対応することでしょう。赤ちゃんは，私たちの感情を揺さぶることでケアする行動を引き出そうとしているのです。気になる行動や問題行動をする子どもたちも同じです。それをすることで，ケアをしてもらおうとしているのです。そして，さらに重要なのは，彼らは自分でもどう対応していいかわからないのです。だから，他者の支援が必要なのです。素直に「先生，困っているので助けてください」と言ってくれたら，教師としても支援のしがいがあるというものです。しかし，それが言えないのです。「助けて」と言う代わりに「死ね」，「困っているんです」と言う代わりに「うざっ」と言うわけです。それなりに成長した子どもたちに面と向かって「死ね」と言われると，「おお，どうしたの～，何か困っているの～？」とはこちらも笑顔で言えないでしょう。

しかし，教育のプロたる教師は，たとえそこでイラッとしたとしても，教育をすることが仕事です。教師には，子どもの暴言や問題行動を「支援要請」として捉える翻訳能力が必要です。むしろ，その翻訳能力こそが，プロのプロたる所以でしょう。だから，適切な対応をするためには彼らのそうした行動のメカニズムを知ることが大事なわけです。

② 誤った目標に基づく行動

アドラー心理学は，子どもたちの気になる行動や問題行動の声にはならないメッセージを翻訳するための重要な示唆をくれます。これらの行動を，本書では不適切な行動と呼びます。ここまでお読みいただければわかるように，これらの行動は子どもにとっては必然の行動であり，目的そのものには悪意がありません。しかし，それは周囲にとっては，ありがたくない行動になっているので「不適切な行動」と呼びたいと思います。

その悪意のない目的とは，居場所を見つけることです。しかし，子どもたちは，その居場所を適切な方法で見つけることができずに，不適切な方法で見つけようとする場合があります。それを，

「誤った目標」をもった状態

と言います。

子どもたちにとっては，居場所を見つけるための行動ですが，たとえ，それを実行し続けても本当の意味で居場所を見つけることはできません。その場所が，本物かどうかは安心できるかどうかです。欲求とは満たされたら安心感を伴うものですが，周囲を困らせ，迷惑をかけて満たした欲求は，結果的に自分に不利益をもたらします。そうした意味で，「誤っている」と私は解釈しています。

①注目を引く

最初は，子どもたちは注目を引こうとします。みんなと違う行動をとろうとします。大きな声で話したり，話してはいけないときに話したりします。

「絵本を読むから教卓の周りに集まってごらん」と言っても来ないことがあるかもしれません。場合によっては，授業中に立ち歩くことがあるかもしれません。教師の発言の揚げ足をとって，周囲を笑わせるかもしれません。教師の方も，そうした発言で笑いが起こるのでついつい許してしまいますが，彼らは，注目を得るために人を馬鹿にするという行動をとっています。教師の発言の揚げ足をとるのは，一番笑いを誘うことができるということを知っているからです。教室で最も目立たない子の発言を取り上げても，目立つことなどできないことをちゃんと知っています。

また，いつもよくほめられる子どもたちの中にも注意が必要な子がいます。それは，教師がいるときといないときの行動の差が大きい子です。教師の前では，掃除や係活動を一生懸命しても，教師のいないときは掃除も係活動も身が入らないような子です。その子たちは，誰かの役に立つために行動しているのではなく，ほめられるために動いています。ほめられることに価値を置いている子は，既に不適切な行動を始めていると言っても過言ではありません。

②力比べ

この子どもたちは，相手に反抗することがあります。何か指示をすると「うるせえ！」と怒鳴ることもあれば，「なんでそんなことするんですか」と冷めたように言うこともあるでしょうが，抗うような言葉と態度で，積極的に反抗する場合と，言うことを聞かないという消極的な反抗をする場合があります。両者は，教師の言いなりにはならないというところで共通しているわけです。彼らに注意は効果的ではありません。積極的反抗を教師にこっぴどく叱られて，消極的反抗に転化する子もいます。女子の児童生徒に見られます。こうした子どもたちは，とにかく教師の言うことを聞き入れようとしません。勝てないまでも，負けないでいようとするわけです。

③仕返し

この子たちは，相手をできるだけ傷つけようとします。若い男性教師は，小学校の高学年女子たちにこれをやられてしまうことがあります。ベテランの教師にも若い頃，そうした経験をもっている方もいることでしょう。そばに行くと，さっと体をよけられたり，露骨に無視をされたり，何か言うと，隣の子とヒソヒソ話をしたり。場合によっては，教師の触った物を触らないというアピールをしたり，給食は教師に背を向けて食べたりというようなことをします。食事する姿を見られたくない，そして，教師が食べる姿を見たくないというのがその理由です。悪口を言うときは，人格攻撃をしてきます。相手の容姿，話し方，行動などなど教師自身がコンプレックスだと思っているところをストライクで攻めてきます。見方を変えれば，それだけ相手をよく見ているわけです。

④無能力の誇示

この子たちは，できるだけ自分がダメであることをアピールします。「見捨ててくれ」というメッセージを出します。教室ならば，何もしません。何一つ学習活動に参加せずに，ただひたすら教室にいるだけです。一日中，机に伏していることもあります。自分の無能さをアピールすることで，相手に「あなたは私にかかわる力がない無能な人だ」と伝えているわけですから，仕返しが進化した形とも言えます。

いかがでしょうか。みなさんの教室の気になる子は，このどれかに当てはまりますか。不適切な行動は，①から始まり，やがて②，③，④へ進んでいくという捉え方がよくなされますが，実際は複合的に起こっていることもあり，

あの子はこのタイプ，と単純に捉えない方がいい

と思います。しかし，不適切な行動を理解するヒントにはなると思います。さて，こうした子どもたちにはどのような支援が必要なのでしょうか。

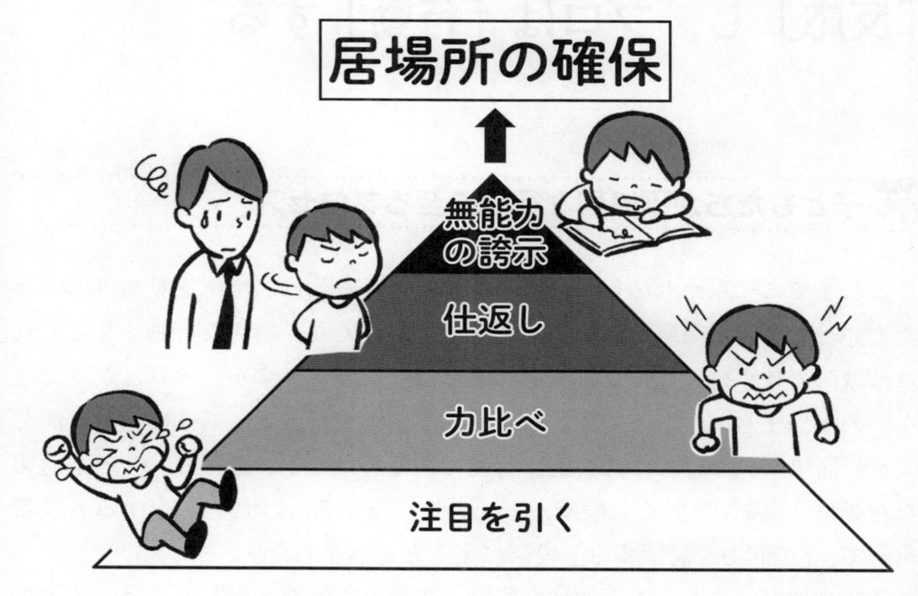

アマチュアは不適切な行動に対して「反応」し，プロは「行動」する

① 子どもたちが不適切な行動に至るプロセス

これまでに，私たちの行動には目的があり，それは居場所を見つけることだと述べました。教室において子どもたちがみんな，適切な行動をしてくれれば教師の仕事は，こんなに楽しいことはないわけですが，それればかりではないのが悩ましいところです。しかも，不適切な行動は，適切な行動と同じように居場所見つけのための適応行動であるわけです。そして，その不適切な行動は，「注目を引く」段階から「力比べをする」，「仕返しをする」段階を経て，「無能力を誇示する」段階に至ると述べました。

教師や親が，これらの不適切な行動の指導を困難だと感じるのは，子どもたちがそれを

「本気」でやっているから

です。子どもたちは，それこそ自分の「存在をかけて」不適切な行動をしているわけですから，生半可な覚悟では，その子にかかわることが難しいと言わざるを得ません。また，子どもたちも闇雲に，そして，いきなり不適切な行動をしているわけではありません。不適切な行動をする子どもたちも，どこかで適切な行動をしてきた，または，しているはずです。しかし，残念な

ことにそれが注目されていない場合があります。子どもたちにとって，一番キツく耐えがたいことは，叱られることではありません。それは，

無視をされること

です。

子どもたちが気になる行動や不適切な行動に至るのは，下図のようなプロセスを経ていると考えられます。子どもたちは，本来的に人に迷惑をかけようとして行動しているわけではありません。適切な行動をそれなりにやっているはずです。通常の環境だったら，適切な行動にプラスの注目がなされるはずです。ほめられたり，喜ばれたり，感謝されたりという刺激です。しかし，それを得られない環境にいる子どもたちもいます。そうした子どもたちは，適切な行動で注目を引けないと，「このまま無視をされているくらいなら不適切な行動をする」という選択をします。それは，意識的な場合もあれば無意識の場合もあるでしょう。

それでは，【エピソード０】のような，出会って２日目で私に向かってナ

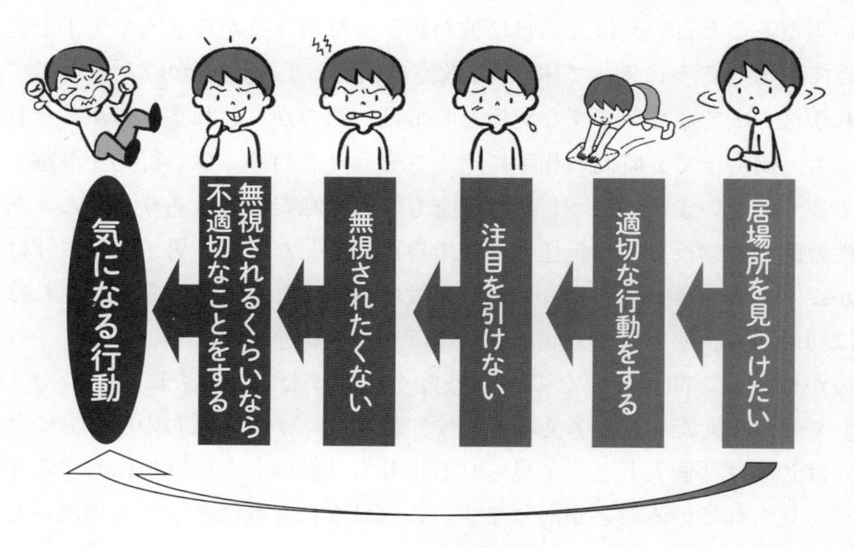

イフを向けた子の行動をどう説明したらよいでしょうか。その部分を再掲します。

──【エピソード0】より（要約）

次の日，国語の授業を始めようとすると，ある男子が手に持っている物を見て目を疑いました。長さ10㎝くらいのナイフでした。彼は，右手にナイフを持ち，左手の指をいっぱいに開いた状態で机上に置き，「チクショウ！　チクショウ！」と言いながら，指の間を高速で移動させて，ナイフを突き刺し始めました。私は，「それ，しまいましょ」と言いました。取り上げたり，注意したりして刺激すると周りの子どもたちの安全が確保できないように思ったからです。彼は面倒くさそうに私に視線を向けながら，首を少し傾けてナイフの先端を私に向け，こう言いました。

「先生，教師は子どもを殴っちゃいけないんですよねぇ。」

私が，彼の適切な行動に注目していなかったというならわかります。しかし，これは出会って２日目の１限ですから，初日から数えて彼と過ごした時間は合計で５時間くらいです。ほとんど人間関係はないに等しいです。ただ，思い当たることといえば，前日に彼が廊下で怒鳴りながら２人の男子を追いかけているところに割って入り，「教室に入ろう」と声をかけたことです。それが彼の中でネガティブな記憶として残ったのかもしれませんが，それにしても，出会って５時間の相手にナイフを向けるのは，少し行動が飛躍しているように思います。こうした体験をもつのは私だけではありません。ある女性教師（中学校）も，新任の学校で自己紹介した後に，男子生徒に「けっ，女かよっ」と吐き捨てるように言葉を投げつけられたといいます。これは，ほぼ初対面の状態です。人間関係がほぼなしの状態です。

彼がナイフを向けていたのは，恐らく私ではなく，過去に出会った「教師」や「学校」だったと考えられます。教師は，子どもたちの前に立つときに，はじめは「個人」として見られるよりも「教師」という塊に対するイメージで見られていることがあります。これはなにも教師と子どもの関係だけに起こることではありません。手痛い失恋を経験すると「男なんて」「女なんて」と強い思い込みが発生し，新しい恋愛が始められないことはよくあることです。人は，その人と向き合う前に，

過去の体験によって行動が準備されている

ことがあります。

2 子どもたちの目標を判断する指標

子どもたちの不適切な行動が，「注目を引く」「力比べをする」「仕返しをする」「無能力を誇示する」という段階性をもっているとして，どのようにそれを判断したらよいのでしょうか。不適切な行動に対応しようにも，目の前の子どもたちの行動がどのような段階なのか判断しないと対応しようがありません。

この問題について，重要な指摘をしておきたいと思います。客観的な「注目を引く」行動や「力比べをする」行動などはないということです。

全ては，私たちの見方，感じ方，つまり認知が決めている

のです。「注目を引く」などの段階は，全て，私たちの認知が意味づけているレッテルです。不適切な行動の段階を決めているのは，子どもたちが「不適切な行動」をしたときに私たちが抱く感情と言えます。

p.67に示した図に，教師の感情を描き加えてみたいと思います。子どもたちの不適切な行動を見かけたとき，イライラするような感じがしたら，子どもたちは「注目を引こう」としていると判断できます。同様に見ていきましょう。教師の権威が脅かされているような気がしたり，ケンカを売られているような気がしたら，「力比べ」をしようとしていると考えられます。傷つ

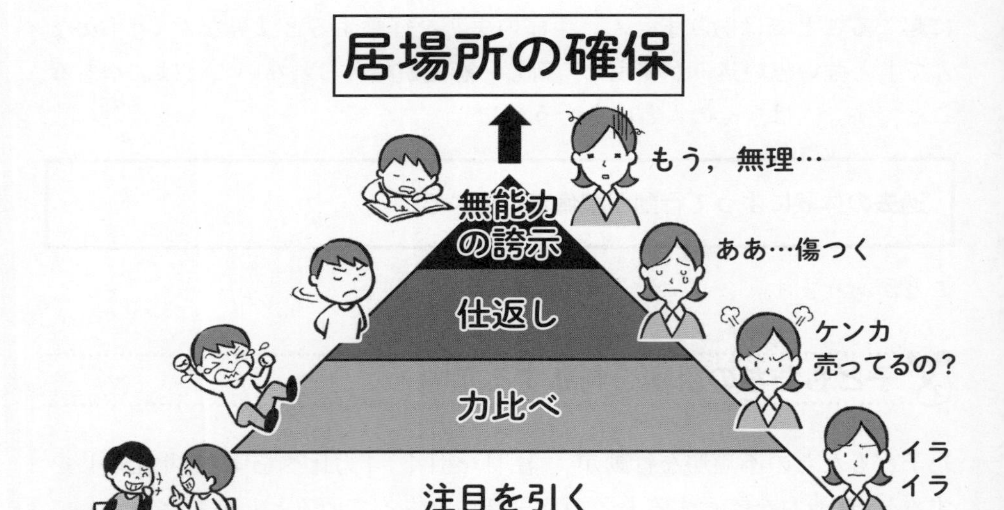

くような感じがしたら，「仕返し」をしていると考えられます。もし，「この子に私は何もできない」「もう，無理」などと感じたならば，それは，「無能力の誇示」をしているかもしれません。

もうおわかりですね。不適切な行動の進行は，子どもたちの行動そのものが進行しているというよりも，私たちの感じ方が変化していっているのです。不適切な行動にイライラしたり，ケンカを売られていると感じたりしているうちは，教師はまだ「元気」なのです。だから，その教師は自分の力で対応することも可能です。しかし，傷ついたり，もうお手上げと感じたりするときには，一人の力ではもう，対応することが難しい状況になっています。

指導が難しくなっているクラスにサポートの方が入ったときに，サポートの方から見ると「あれ，そんなに悪くないじゃないか」と感じることがあります。そして，職員室で「先生，あれくらいなら大丈夫，大丈夫，よくあることですよ」なんて助言にもならない助言をすることがあります。それは，サポートの方は，まだ「元気」だからです。当事者ではないからです。

子どもたちの不適切な行動は，当事者である担任などの感情を引き出すために展開されています。だから，サポートの方の感情は取り込まれていないので，割と客観的に見ることが可能なのです。しかし，学級担任のような当事者は，子どもたちのそうした行動に対して感情的にヘトヘトになっているのです。サポートに入る方は，こうした

当事者の感情を理解する必要

があります。それがわからずに，自分だけの感覚で指導や助言をすると当事者の自信を失わせ，もっと深刻な事態を招く可能性があります。

もし，あなたが当事者だったら，「手遅れになる前」に管理職や学年主任など信頼できる方に相談すべきです。「手遅れになる前」とは，イライラしたり，ケンカを売られていると感じたりしているときです。また，あなたがミドルリーダー以上の学校の仕組みをつくる権限をもっていたら，こうした事態に対応する相談体制を早急に立ち上げてほしいと思います。

「イライラする」「ケンカを売られているように感じる」「傷つく」「お手上げだと感じる」のは，悪いことではありません。人として無理もない「反応」です。叩かれたら「痛い」と感じるのと同じです。だから，上記のような感情をもっても自分を責めないであげてくださいね。しかし，プロとは，その反応の先に行動をする人のことをいいます。プロの行動を次頁から考えていきましょう。

不適切な行動には相手役がいる

① 子どもの誤った目標を判断する第二の基準

子どもたちの不適切な行動の段階的な進行と，その段階を判別する基準が，不適切な行動を目の当たりにする教師の側の感情であると述べました。このことからわかることは，気になる行動が不適切な行動から問題行動へと事態が深刻化していくのは，客観的事実が深刻化しているのではなく，

受け取る側の心理的事実が深刻化している

ということです。

したがって，子どもたちに「死ね」「うざっ」などと暴言を投げかけられようと，ナイフを突きつけられようと，教師が「この子，こんなことまでして私の注目が欲しいのね」と捉えることができれば，その行動は「注目を引く」ための行動であり，教師はその子にまだ十分に教育する力をもっていると言えます。しかし，同様の行動を子どもたちにされたときに，深く傷つき，その子の顔を見ることやそばにいることすらつらく感じたら，それは「仕返し」のための行動であり，教師はその子への個人での対応はしない方がいいかもしれません。いや，しない方がいいでしょう。教師が何かしても事態が好転しないだろうし，教師の傷は深くなる一方です。教師と子ども，双方に

よいことが起こるとは考えにくいです。

子どもの不適切な行動の目標を判断する指標が教師自身の感情であるとは言いましたが，自分の感情をモニターするのが苦手な方もいますし，緊張状態に置かれると自分の感情に気づくこと自体が難しい場合もあります。そうしたときには，次の方法をおすすめします。

子どもの不適切な行動を，あなたが直そうとしたときの子どもの反応を見る

ことです。

不適切な行動そのものではなく，その結果としての子どもの行動に注目します。どのように解釈するかは，次頁の図のようになります。子どもが不適切な行動をしたときに，あなたがそれに声をかけたり注意をしたりしたとします。子どもはそのときに，一旦はその行動をやめたり，意外なほど素直に「ごめんなさい」と謝ったりするかもしれません。しかし，すぐに同様の行動が繰り返される場合は，「注目を引く」ための行動だと判断します。

また，子どもが「はあ？」とか「なんで，私ばっかり」などと口答えをしたりする場合は，「力比べ」をしようとしているのかもしれません。また，不満そうな表情をしてしぶしぶ従うかもしれません。その場合も，実質は言われたことに不服を示しているわけですから，「力比べ」をしていると判断していいかもしれません。

「仕返し」の場合は，言ったことに背くのではなく，教師を傷つけ，ダメージを与えようとします。「死ね」とか「うざっ」と吐き捨てるように言うなど言語化される場合もありますが，声をかけると顔を背けて無視したり，そばを通ると体ごとよけたりするような非言語によるものもあるでしょう。また，教師が全体で話しているときに仲間同士で意味ありげな目配せをしたり，こそこそ話をしたりするような場合もあるかもしれません。

「無能力の誇示」の場合は，さらにその度合いが進みます。教師が何を言

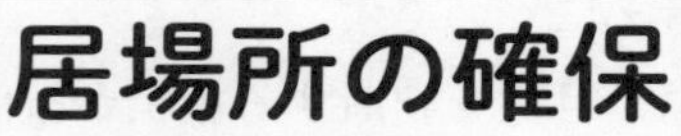

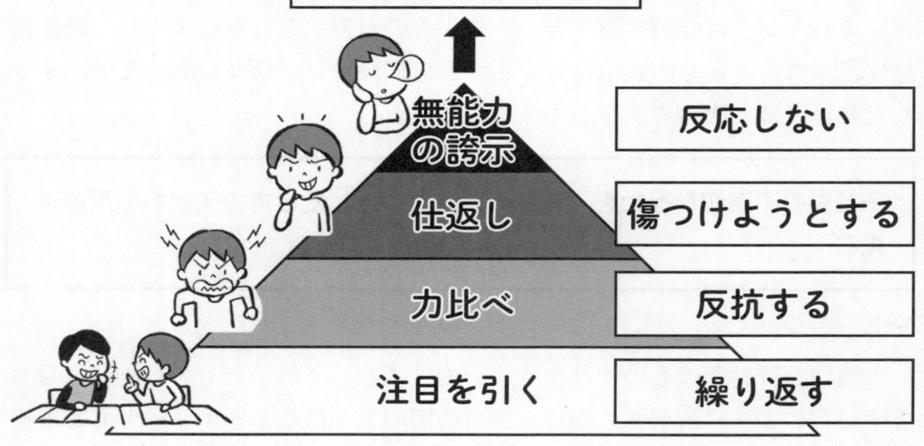

ってもあたかも教師がそこにいないかのようにスルーします。寝たふりをしているようなこともあれば，路上で会話するようにおしゃべりしていることもあるでしょう。

「そんなことする子がいるのか」と信じられない方もいるかもしれません。一方で，もっと凄まじい現場を見ている方もいることでしょう。ここら辺の話は，実際に体験なさった方でないと実感できないのが悩ましいところです。

子どもたちが不適切な行動をする理由を「原因」に求めると，複雑な要因が絡んでしまってよくわからなくなることがあります。

原因は，未整理のおもちゃ箱のようなもの

です。過去に起こった「それらしいこと」がバラバラに詰め込まれています。しかし，その理由を「目的」に求めるとある程度はシンプルに整理されます。子どもたちは，好ましい行動で居場所をつくろうとしていたはずです。しかし，それがなんらかの要因で叶わなかったときに，「注目を引く」「力比べ」

「仕返し」「無能力の誇示」という誤った目標をもつと考えられます。

②不適切な行動をする子がわかっていることとわかっていないこと

みなさんの目の前の気になる子の目標を考えてみましょう。

これまで述べてきた４つの目標のどれかに当てはまるでしょうか。気になる子の不適切な行動を指導しようとしたときのあなたの感情やそのときの子どもたちの反応を思い返してみてください。子どもたちの目標をうかがい知ることができるかもしれません。しかし，「どうもはっきりしないな」という方もいることでしょう。

それは無理もありません。

気になる行動の目標は，単一ではなく複数併せもっている可能性がある

からです。これも少し考えてみれば，当たり前のことだとわかります。子どもたちの状態は一定ではありませんし，何よりも，私たちの感情もいつも同じとは限りません。同じ行動を目にしても，いつも同じように受け取るわけでありません。教師自身の気分も，時には天候や気温なども影響するかもしれません。したがって，教師は自分のコンディションをしっかり整えておく必要があります。

教師自身の感情が不安定だったり弱っていたりすると，客観的に見ると大したことがないような子どもたちの行動を拡大解釈してしまうことがあるからです。そして，その最初の対応が子どもたちに誤った目標をもたせてしまう場合があるからです。

気になる行動は，多くの場合反復します。繰り返されるからこそ，気になる行動となるわけです。一度や二度でそれをやめてくれたら，気にならないわけです。そして，その気になる行動の頻度や程度が増すことによって不適切な行動となり，やがてはそれが問題行動に成長します。

しかし，みなさん不思議だと思いませんか。教師は，不適切な行動をする子を注意したり叱ったりすることがあります。時には，かなりキツく叱ることもあります。叱られれば子どもたちは，かなり不快な思いをしているはずです。相当に嫌な感情を味わっているはずです。それでも不適切な行動をします。にもかかわらず，その行動は繰り返されることがあります。もちろん，叱られればやめる子もいるにはいます。しかし，やめない子どもたちがいるから教師の苦労が絶えないのです。普通に考えたら，嫌な思いをするのだからやめればいいのにと思いませんか。

不適切な行動を繰り返す子どもたちがわかっていることとわかっていないことがあるのです。彼らは，不適切な行動をすればどういうことになるか，また，どういうことが起こるかはある程度はわかっています。これをすると，叱られ，不快であり痛い思いをすることはわかっていることでしょう。しかし，

自分が何のためにそれをしているかはわかっていない

のです。彼らは自分たちの行動が，注目を引くためだったり，力比べをするためだったり，仕返しをするためだったり，無能力を誇示するためだとはわかっていません。だから，当然，自分が居場所をつくるためにそれらをやっているのだということはわかっていません。不適切な行動の目標や目的は認知されていないのです。彼らの行動にレッテルを貼り，意味づけているのは教師の認知です。彼らから見れば，それはただの行動です。彼らの感覚としては，やりたいからやる，よくわからないけどやっちゃうというようなレベルだと思います。水を飲む，ご飯を食べるくらいに自然なことなのかもしれません。

何のためにそれをしているかわからないから，反復するのです。自分でもその目的がわからないからコントロールがきかないわけです。もし，彼らがその目的を自覚できたら，その行動にはもう少しコントロールがきくのでは

ないでしょうか。水を飲むことやご飯を食べることと性格が異なるのは，不適切な行動は居場所を求める行動なので，社会的文脈の影響を強く受けていることです。人との関係の中で起こっているということです。

したがって，教室において不適切な行動が表出し継続するときに，最も影響力をもっている教師は重要な役割を担っています。もちろん，教師によって不適切行動が生起しているとは言いません。子どもたちがなんとなくやる気がなかったり，甘えん坊だったり，離席をしたりすることやすぐ感情的を爆発させてしまうことの全てを教師が引き出してしまっているとは考えにくいです。ただ，

それらの行動を誘発し，強化している可能性は否定できない

のです。

子どもたちの不適切な行動は，社会的な注目を巡って展開されます。つまり，

不適切な行動には相手役が存在する

ということを忘れてはなりません。ここまで述べてくると，勘のいい方は子どもたちの不適切な行動にどう対応すればよいか大体予想がついてきたのではないでしょうか。

本当に不適切なのは

①“気になる子”とクラスの荒れ

全国の学校，学級支援をさせていただく中で，クラスの荒れの問題をお聞きすることがあります。先生方はそうした困難な状況に真剣に向き合っていて，本当に頭が下がる思いです。クラスの荒れの説明を受けるときに大体，支援が必要な子どもたちや気になる子どもたちのことから話が始まります。時にはそうした子どもたちの振る舞いによって，クラスが荒れた，壊れたというような話になります。割とこうした話は，学級の実態は多様にもかかわらず，全国どこでも共通したストーリーで，荒れる道筋はほぼ同じで，しかも，その根本の要因に気になる子どもたちがいます。しかし，

特別な支援の必要な子どもたちや気になる子どもたちが本当にクラスの荒れの理由なのか。

これについてはしっかり考えておく必要があります。

私には，クラスのどうにもこうにもうまくいかない状況を，発達障害やそれに類似した行動をする子どもたちのせいにして，学級担任または学校職員としての責任から逃れているように思えることがあります。これまでかかわってきたクラスの事例から，クラスの荒れには典型的なパターンを見て取る

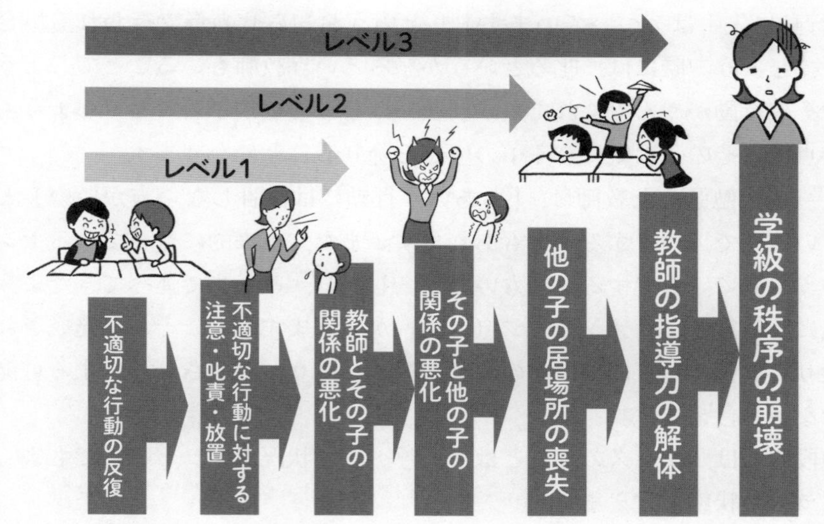

ことができます。それが上の図です。

①不適切な行動の反復

まず，子どもたちの不適切な行動の反復が見られます。一度や二度のことならば，教師にとってそれほど気にはならないわけです。しかし，それが繰り返されると，「また？」と呆れたり，イライラしたりしてくるわけです。そうして，子どもたちのそうした行動は「気になる行動」となり，その子は「気になる子」として教師に認識されます。職員室では，茶飲み話の話題に上り始めているかもしれません。

②不適切な行動に対する注意・叱責・放置

不適切な行動に対しては，当然，教師はなんとかしようとしますから，そこに声をかけるとか注意するとかの何らかの抑止の働きかけがなされます。「○○さん，○○さん！」と名前を呼ぶとか，「お，どうした？」といった

「その行動に先生は気づいていますよ」というお知らせの形で行われる場合もあるでしょう。時には，叱るというか怒るという教師もいることでしょう。それでその行動がやんでくれたら，問題にはなっていかないことでしょう。その時点で，その子は気になる子の座から降りることになります。

また，少し勉強した教師は，「ああいう行動には注目しない方がいい」と知っているので，放置する場合もあります。また，本来的にもっているセンスというか勘で，放置する教師もいます。しかし，これまで述べてきたように，気になる行動にはメッセージ（目的）がありますので，それが達成されない限り，放置するだけではその行動が軽減したり，消去されたりする可能性は少ないと言えます。

この段階では，クラスの荒れとはまだ呼べない状況です。どこにでもよくあるクラスの状態と言えます。

③教師とその子の関係の悪化

注意され続けて，そして叱られて，また，放置されていて，その子が教師を好きになることはありません。みなさんは，自分の顔を見る度にお小言を言う人を好きになれますか。また，見てほしいのに自分をスルーする人を好きになれますか。それでも，好きという場合は対象に対して強い憧れなどの特別な思いをもつなどの特殊な場合でしょう。したがって，注意や叱責や放置をしていると，どんどんその子との関係が悪くなります。そうなるとその子に指導が入らなくなります。話を聞いていないな，指導が届いていないなということに教師も気づくので，気になる子レベルがワンランクアップします。

④その子と他の子の関係の悪化

教師とその子の関係が悪化しても，その子は一定のクラスの子とつながっていることはあり得ることです。特に，学年１クラスで，保育園や幼稚園からずっと一緒のような子どもたちの集団には，よくあります。そうした場合は，クラスの雰囲気は良好とは言えませんが，クラスが荒れるというところまではいきません。❸の段階は，まだ，教師とその子の個人的人間関係の問題に留まっているからです。しかし，この段階になると，クラスのあちこちでこれまで起こっていなかったような小さなトラブルが増えます。教師が特定の子を注意，叱責するようになると，当然，クラスの雰囲気は悪化し，他の子どもたちへの教師の関心の配分が減ります。すると子どもたちは不満をもちます。しかし，その不満はまだ，いきなり教師には向きません。まずは，その子に向きます。「あいつがいるから先生が怒る」「私たちも怒られる」という感覚です。やがて，「あいつがいなければ」という思いが芽生えてきます。その子に対する忌避や侵害行為が起こってきます。

⑤他の子の居場所の喪失

気になる子への対応だけでなく，教室のトラブルの頻発によって，教師の他の子への関心の配分がますます減ります。また，小さな衝突，ケンカなどによって子ども同士の関係も悪化していきますので，その子だけでなく今まで教室に居場所を得ていた子どもたちも居心地の悪さを感じるようになります。そうするとこうした構造に気づいた子どもたちの中から，不満を教師に向ける子どもたちが現れます。大抵そうした子どもたちは教室で影響力のある子だったりするので，教師への不満は急速に伝搬します。こうして教師は教室において指導力を失っていきます。❹の段階で，保護者からはクレームが来ていることでしょうし，心ない同僚から批判もされていることでしょうから，教師は相当に弱っているはずです。教室の内外からの圧力によって，その指導力は解体の方向に向かっていきます。

⑥教師の指導力の解体・学級の秩序の崩壊

集団はルールで成り立っています。ルールとは教室における共通の認識や行動様式を表現したものです。ですから，ルールが損なわれるとメンバーがバラバラなことをし始めます。建設的にバラバラなことをするならば何ら問題がないわけですが，バラバラな行動はそのほとんどが，集団を破壊的方向に向かわせます。ルールは集団を維持する結束バンドのようなものです。そのルールを権威づけているのは教師の指導力ですから，その指導力が解体すると，結束バンドが切れた状態となって，学級は崩壊します。つまり，ルールの崩壊が学級の崩壊なのです。

2 “気になる子”はクラスの荒れの本当の理由なのか

このようにして捉えると，

> “気になる子”をクラスの荒れの主な理由として捉えていることは誤り

であることがわかります。「百歩譲って」“気になる子”の不適切な行動は，クラスの荒れの一隅に位置しているとしましょう。しかし，立ち歩きや私語や奇声を上げることなどは，その段階では，大勢の子どもとはちょっと異なる行動パターンの一つに過ぎないと思います。それを，“気になる行動”や問題行動として意味づけ，そのように育てているのは他ならぬ教師の認識と行動です。

> 不適切なのは子どもたちの行動というよりも，そうした行動に出会ったときの，教師の態度や対応

の方だと言えないでしょうか。

クラスが荒れるといっても，先の図に示したように３段階くらいあると考えています。レベル１は，まだ教師とその子の個人的な問題です。教師の個人的な努力で解決する可能性は十分にあります。しかし，レベル２になると，教師と複数の子どもたちとの関係や子ども同士の関係の問題になるので，同時多発的にいろいろなことが起こってきます。そうなると教師個人の対応能力を超えてしまうことがあります。早めに他者に支援を要請した方がいいです。そして，レベル３では，クラスの実態以上に，教師の対応能力が落ちていく段階なので，学校などの組織的対応で教師を支える必要があります。全国には，レベル２，レベル３になっているにもかかわらず，「孤軍奮闘させられている」教師もいるので心配しています。

クラスの荒れは，子どもの不適切な行動によって起こっているのではなく，教室における人間関係の悪化によって深刻化していくのです。

気になる子の支援の
シンプルな原理

不適切な行動のスパイラル

不適切な行動をする子どもたちを「困った子」と表現することがあります。また，彼らを理解するときに「『困った子』は『困っている子』」と捉えようとすることがあります。優れた見方の転換だと思いますが，それだけでは，彼らの力になることはできません。彼らを支援するためには，その困り感の構造を理解する必要があります。

不適切な行動をする子どもたちは，あるスパイラルに陥っている可能性があります。アドラー心理学では，

不適切な行動をする子どもたちは，適切な行動をする意欲に欠けている

ためにそうした行動をするのだと考えます。例えば，こちらが「おはよう」と声をかけると「死ね」と吐き捨てるように言う子がいたとします。この子は，「おはよう」と返す意欲に欠けていると捉えます。人をいじめる子は，人をいじめないという意欲に欠け，万引きをする子は，万引きをしないという意欲に欠けているわけです。

前節までに述べたことを加味して言えば，「死ね」と言うことによって，より多くの感情的注目を効率的に引き出せることを学んでしまっている可能

性があります。この子にとっては，「おはよう」と普通に返すよりも「死ね」と返す方が，はるかに行動コストが低い，つまり，楽なのです。適切な行動をする意欲がある子にとっては何でもない行動ですが，その意欲に欠けた子には，適切な行動がとんでもない重労働に感じられることでしょう。また，「おはよう」と言うよりも，「死ね」と言った方が，はるかに相手は感情的に注目してくれることを知っていることでしょう。

こうした不適切な行動をした場合，相手が愛情に満ちた人ではない限り相手との関係が悪化します。誰だって「死ね」と言われたらいい気分はしません。挨拶の問題だけではありません。授業中におしゃべりをする，立ち歩く，人にちょっかいを出す，人に嫌がらせをする，大きな声を出す，ものを壊すなどなど，挙げればきりがありませんが，こうした行動をしていると，周囲から好かれたり，信頼されたりすることから段々と遠のいていきます。

したがって，周囲との関係が悪化します。つまり，人とのつながりが切れていくわけです。しかし，彼らだって孤立するのは嫌なのです。周囲とかかわりをもちたいのです。ところが，彼らにとっては，適切な行動をするということはとてつもなく行動コストが高いのです。それで，慣れ親しんだ不適切な行動で周囲を注目させて，かかわろうとするのです。

無視をされるくらいだったら，嫌がられたり，嫌われたりしてもいい

のです。そちらの方が，まだ，マシというわけです。不適切な行動をする子は，適切な行動をする意欲がくじかれているから，不適切な行動をする。すると，周囲との関係が切れる。人は関係が切れると，適切な行動をする意欲がくじかれます。したがって，さらに不適切な行動を繰り返し，さらに周囲との関係性が切れて，また，くじかれるという不適切行動のスパイラルに陥ります。

こうした行動は，なにも不適切な行動をする子どもたちだけに見られることではありません。時々報道されるゴミ屋敷の住人の方を思い浮かべれば容易に理解できるでしょう。ゴミを片付けたら，誰も訪れてはくれません。しかし，ゴミをため込み，放置して，路上にはみ出させたり異臭を放ったりすれば，みんなが騒いでくれます。テレビカメラが来てレポーターが来てインタビューまでしてくれます。しかし，普通の家になってしまったらどうでしょう。誰も自分に注目してくれないし，話も聞いてくれないことでしょう。

自分だけの力では，このスパイラルから抜け出ることは到底困難です。少なくとも，本人はそう思い込んでいるわけです。だから，「困っている子」や「困っている人」になっているわけであり，

他者の支援が必要

なのです。

② 適切な行動を勇気づける

無限にも思えるスパイラルにはまっている人たちを支援することなどできるのでしょうか。実は，アドラー心理学における他者支援は，とてもシンプルです。先ほども述べたように，不適切な行動をする人は，適切な行動をする意欲に欠けています。だから，その意欲を回復したり育てたりして，適切な行動をするように促します。適切な行動をすれば，周りから好かれたり信頼されたりし始めます。つまり，周囲とつながりがもてるようになります。周囲とつながると，人はさらに周囲に貢献しようとします。すると，さらに周囲とつながり，適切な行動をする意欲が高まります。

こうした適切な行動をする意欲がくじかれた状態から，意欲がもてる状態にする営みをアドラー心理学では

勇気づけ

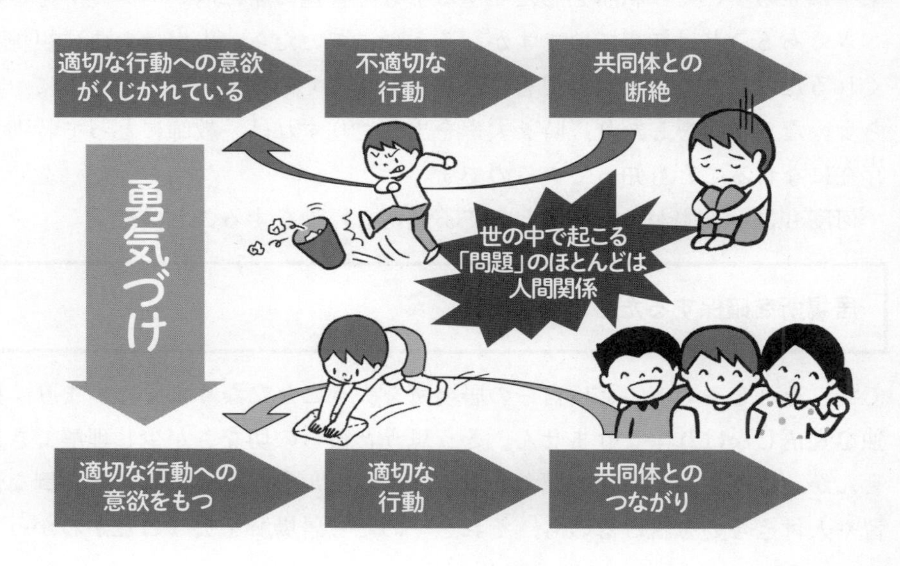

と呼んでいます。ここで問題となるのが勇気です。勇気とは，広辞苑第六版によると「いさましい意気。物に恐れない気概」とありますが，アドラーが言う勇気は，辞書の捉えとは少し違うようです。しかし，多くのアドラー心理学の研究家が指摘しているようにアドラー自身が，きちんと説明したり，定義したりしているわけではありません。

アドラー心理学の研究や普及に努めている岩井俊憲氏は，アドラーの言葉を引用しながら，勇気とは，「リスクを引き受ける能力」「困難を克服する努力」「協力の一部」と整理しています*5。これによれば，アドラーの言う勇気とは，「気持ち」よりも「努力」「協力」といった側面を備えた「能力」だと捉えた方がいいのかもしれません。

不適切な行動をする子どもたちにとっては，それをやめることはリスクです。先生の「おはよう」に対して「死ね」と言う子は，「おはようございます」と普通に返せばいいことは知っています。それとともに，普通に「おはよう」と言えば，他の子と同じように扱われ，「死ね」と言えば，他の子には見せない表情で，感情を顕わにしてもらえることも知っているのです。授業中に立ち歩いたり私語をしたりする子も，普通に席に着いてノートをとるべきであることは知っていますが，そうやっていたら，先生はたまに視線をくれるだけであること（無視をされる）も知っています。そしてさらに，立ち歩いたり私語をしたり，時々大声を出したりすれば，教師にとって特別な存在になれることも知っているのです。

何度も言いますが，彼らにとって不適切な行動をすることは，

居場所を確保するための適応行動

です。それをやめることは自らの居場所を失うことになります。つまり，孤独を覚悟しなければなりません。そう思うと彼らの切なさが少し理解できませんか。みなさんが多少窮屈だと思ってもルールを守って生活し，面倒な慣習や人付き合いを続けるのも，それをやめたら居場所を失うことがわかって

いるからですよね。
　彼らは，私たちがルールを守り人付き合いを大事にするのと同じように，ルールを破り人に迷惑をかけるわけです。自分の力だけでは抜け出せなくなったスパイラルから抜け出すには，人の支援を受け入れねばなりません。人の支援を活用するためには，他者と協力関係を築かなくてはならないわけです。その支援をきっかけに，切れかけた人とのつながりを取り戻そうとする能力，それが勇気です。
　では，適切な行動をする勇気がくじかれた子どもたちをどのように勇気づけていけばいいのでしょうか。

【注】
＊5　岩井俊憲『勇気づけの心理学』金子書房，2002

気になる子を支援する

適切な行動と不適切な行動の判定基準

① 子どもたちが不適切な行動をする５つのパターン

不適切な行動について理論的な話が続いたので，ここで少し不適切な行動について振り返りながらまとめておきましょう。

子どもたちが不適切な行動をするのは，居場所を確保することを目的として生起された行動において，「適切な行動が無視されている場合」，または，「不適切な行動が注目されている場合」だと言いました。その場合，子ども

たちは，居場所の確保への危機感から不適切な行動（注目を引く，力比べ，仕返し，無能力の誇示）をするという誤った目標を抱くという話でした。それが前頁の図です。

実は，子どもたちが不適切な行動をするパターンはその他にもあります。まず，子どもたちが「自分のやっている行動が不適切であることを知らない場合」です。次に，子どもたちが「今やっている行動よりも適切な行動を知らない場合」です。それから，上記の「不適切な行動が注目されている場合」には２種類あります。注目には２種類あるからです。不適切な行動に，正の注目がなされる場合と負の注目がなされる場合です。これらをまとめると下図のようになります。

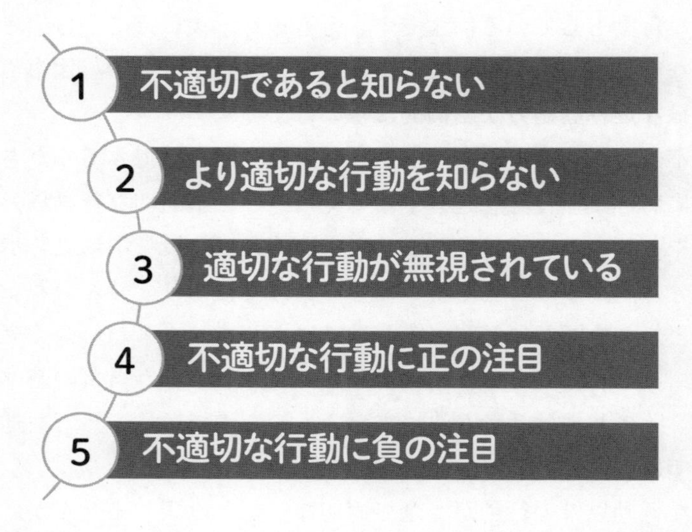

正の注目とは，促進の方向に働きかけるものです。授業中に私語をしたり，教師に反抗したりすると仲間から称賛を得られるような場合です。これをやっているのは主に仲間たちです。反抗した子を「お，よく反抗したね」なんてほめる教師はいませんからね。

また，負の注目とは，注意したり叱責したりする場合です。肯定的であろうと否定的であろうと，強い感情を示すことはそれがその行動を強化することになります。これを主にやっているのは教師だと想定されますが，周囲の子どもたちが加わっている場合もあります。キレれば，周囲の子どもたちは騒いだり怖がったりしてくれます。また，悪口を言うのも強化子となります。不適切な行動は，「人と人との間で育っていく」なかなかやっかいなものです。

② 不適切な行動とは

では，ここで不適切な行動について考えてみたいと思います。当然のことですが，不適切な行動をする子どもたちは，彼らの全ての行動が不適切ではなく適切な行動もしているはずです。そもそも学校に来てから帰るまでずっと不適切な行動をしている子なんているでしょうか。いや，比率で言ったら不適切ではない行動の方が圧倒的に多いはずです。

試しに不適切な行動をしている子を一人思い浮かべてみてください。その子の学校における一日を想起してみてください。不適切な行動以外の行動もたくさんやっているのではありませんか。例えば，授業中に立ち歩く子は，45分や50分の間，ずっと立ち歩いているわけではありませんよね。キレる子が，ずっと怒りを顕わにしているわけではありませんよね。よく立ち歩く，よく怒る，などと言うときに用いられる「よく」という言葉の基準は極めて曖昧です。その基準は話者が決めているものなので，けっして共通の基準があるわけではないところに注意したいです。

不適切な行動以外の行動が，全て適切な行動とは限りませんが，不適切な行動とそれ以外の行動を時間や数で比べたら，後者の方が多くなるはずです。ここで一つ問題となるのが適切な行動とは何か，そして不適切な行動とは何か，ということではないでしょうか。みなさんが子どもたちの行動を，適切なものと不適切なものに分けるとしたらその基準をどこに置いていますか。

本節における見解を述べる前にまず，みなさんで考えてみてください。教室における気になる行動を挙げてみましょう。そうすれば大体予想がつくことでしょう。少し，思いつくままに書き出してみます。

・人をいじめる　・人の悪口を言う　・登校しぶり　・不登校　・キレる　・離席する　・奇声を発する　・私語をする　・過度に甘える　・反抗する　・無気力　・孤立しがち　・やたらと威張ったり仕切ったりしたがる　・わがまま　・自信がない　・勝手にしゃべる　・発言しすぎる　・発言しない　・順番を守らない　・行動がゆっくり　・清掃をさぼる　・係活動をしない　・ウケをねらった発言をする　・忘れ物が多い　・人によって態度を変える　・嘘をつく

きりがないのでこれくらいにしておきましょう。こうした行動がなぜ，「気になる」のでしょうか。それは，これらの行動が，感情を揺さぶるからです。「気になる」とは，主観的な捉えです。これまでも述べてきたように，気になる行動は，私たちの感情が創り出しているものです。だから，その子がどんなに反抗しようが，あなたが気にしなければその子は気になる子にはなり得ません。では，なぜ感情を揺さぶられるのでしょうか。

予想されることを挙げてみましょう。これらの行動が，教師のコントロール下にあれば，つまり，指導が可能であれば，教師にとって大した問題ではありません。一声かければ終わる問題です。しかし，指導しても効果が見られなかったり，エスカレートしたりするなどして，コントロールができないと感じてしまうと，それらの行動が気になってきます。子どもたちが指導を受け入れないことによって教師自身の感情が傷つくこともあるでしょう。また，授業，学級経営などが思ったように進められなくなり職務遂行に不安が生じるといったこともあるでしょう。子どもとの関係性の悪化はもちろんですが，保護者や同僚の目も視野に入ってくることでしょう。教師の「気になる」といった心情の背景には，様々な感情が絡んでいると思われます。

私が本章で述べてきた不適切な行動というのは，気になる行動と重なる部分も多いですが，必ずしも一致するわけではありません。アドラー心理学でいうところの不適切な行動とは，

集団に不利益を生じさせる行動

のことをいいます。

③ 指導が必要な領域と関心のない領域

前頁で示した行動が不適切な行動となるのは，「これらをすると集団の生活や活動に支障が出る可能性がある」ときです。人をいじめることや悪口を言うことなどは，クラスの構成員の信頼関係を損ないます。私語をする，離席する，などのことは，授業の成立を危うくし，集団の生産性を落とすことでしょう。

しかしながら気になる行動の全てが，これに該当するわけではありません。ということは，

気になる行動でも指導しなくてもいい行動がある

のではないでしょうか。例えば，忘れ物やちょっとしたルール違反，学校から貸与されたボールをしまい忘れたなどのことは，そうキツく叱らなくても，確認程度でいいのではないでしょうか。もちろん，所属集団におけるそれらのルールの重要度によって対応は変わってくるでしょうが，通常の学校生活において，個人的な忘れ物やルールのうっかり忘れが集団に対してそう重大な事態を引き起こすとは思えません。

教師はつい「気分に任せて」行動し，指導しなくてもいいことに口を出してしまい，あとで子どもたちから手痛いしっぺ返しを食うことがあります。例えばキレる子どもに対して「そんなに怒るものじゃない」と指導する教師がいます。しかし，世の中に怒らない人などはいるのでしょうか。誰だって怒りを感じれば怒ります。ましてや成長過程の子どもが，腹が立って怒りを

顕わにしたりすることはよくあることではないでしょうか。

もし，その子が怒ってものを壊したり人を傷つけてしまったりしたら指導すべきはそのことであって，「怒った」ことではないはずです。感情はその子，個人の問題です。怒ること自体は，不適切ではありません。不適切なのは，感情の表現の仕方です。「怒るな」と指導されると子どもたちは，自分の感情が理解されなかったと受け取り，教師に対して不信感を募らせることでしょう。

また，特に小学校の教師に多く見られる傾向ですが，行動がゆっくりしている子がいると，ついつい「早くしなさい」と言ってしまいます。それが度重なると教師も苛立ちを隠せなくなってきます。その子だって早くしたいと思っているに決まっています。そんなことは小さい頃からずっと親に言われているはずです。その子は周りに比べて時間がかかっているだけであって，その子としては精一杯やっているのかもしれません。もし，その時間差が集団の活動に支障が出るほどだったら周りで手伝ってあげたらいいのです。その子が，「自分でやる」と言ったら，待ったらいいと思います。

では，不登校は人に迷惑をかけていないから指導しなくていいのかと疑問に思う方もいるかもしれません。実際に，そうした主張に触れることもありますが，私はそうは考えません。不登校は確かに，誰にも迷惑をかけていないかもしれません。いじめを回避するためといった積極的な理由があればそれもやむを得ないことでしょう。しかし，そうではない場合は，社会との断絶による自己虐待になっている可能性があります。その子が社会とかかわる力を失っていくのは，社会にとって大きな損失です。だから，登校して社会的関係を結べるように指導すべきことです。

しかし，それが学校，とりわけ学級担任だけの仕事だとも思いません。もし，その子の不登校が，社会に出るためのエネルギーを蓄えているのだとしたらそれはそれで必要な時間なのかもしれません。ただ，現在のような，学校に代わる受け皿が十分に整備されていない状況では，不登校は改善のために手立てを打たねばならない指導事項だと考えます。

気になる行動と不適切な行動の関係を上の図に示しました。気になる行動は，教師が関心をもっている領域（関心領域）と捉えることができます。また，不適切な行動は，指導が必要な領域（要指導領域）と捉えることができます。先ほど述べたように，気になる行動の中には，必ずしも指導を必要としない「指導不要領域」があります。私は，この考え方を知ってから学級経営がかなり楽になりました。アドラー心理学の「不適切な行動」の捉えを知るまでは，気になることは何でも指導しなくては思っていました。結果的に指導しなくてはならないところまで目が行き届かなくなり，指導が必要な不適切な行動の中に，指導が届かない「無関心領域」をつくってしまっていました。

本来は指導しなくてはならないのに，指導の必要性に気づかないこの不適切行動における

無関心領域の存在は，学級経営にとって脅威

です。教室内の差別的な空気やちょっとした行動は，無関心領域内でどんど

ん育ち，ある日，重篤ないじめとして突然，要指導領域に入り込んできます。しかし，多くの先生方がご存知の通り，いじめは重篤な事態になってからできることはほとんどありません。

私が最近心配しているのは，不登校が長期間にわたっている場合や家庭環境の複雑化によって引き起こされているのではないかという事案に対して，学校側の「諦め」のような空気を感じることです。確かに，現在の学校と家庭との関係性のことを考えると，学校が家庭にかかわることは容易ではありません。しかし，当該の子どもたちと周囲との関係が断ち切れることが最も破壊的なことだと思います。たとえ，完全登校が難しくてもつながり続けることが大切です。

また，いじめによる悲劇が後を絶ちません。それと関係があるかどうかはわかりませんが，いじめ指導に対して自信を失っている教師にお会いすることが増えました。ネット環境などを巻き込んで繰り広げられるいじめに対して指導コストがあまりにもかかりすぎて，どこか「引いて」しまっている状況が見られます。不登校もいじめも，大人が関心をもつことをやめたら，悪化することはあってもよくなることはないと思います。本当に指導すべきことを見極めて，しっかりとかかわっていきたいものです。

共同体感覚

① 避けては通れない話題

アドラー心理学に基づく教育を語るときに，このことを抜きには語れません。それは，共同体感覚のことです。アドラー心理学の中核的概念で，アドラー心理学に基づく教育や治療は，まさにこの育成に向かって行われます。耳慣れない言葉ですが，アドラー心理学の向かうところを理解するときには，避けて通れない事項です。しかし，そんなに大事な言葉なのに，アドラー自身は明確な定義をしていません。これがアドラー心理学の研究や理解がなかなか進まない理由なのかもしれません。一方で，私のようなアドラー心理学を教育に幅広く活用していこうという者にとってこの曖昧さは，創造性をかき立ててくれるとてもありがたいものです。

アドラーは，共同体感覚についていろいろな書物でいろいろな言い方をしていますが，私が最もわかりやすいと思っているのは，次の言葉です*6。「自分のことだけを考えるのではなく，他の人にも関心をもっていること」，短くまとめると「他者への関心」ということになります。「なんだそんなことか」と思いましたか。確かにそうですね。ではなぜアドラー心理学は，単純とも思えるこのことをそんなに重視するのでしょうか。

あらかじめお断りしておきますが，これから述べることは私の解釈です。アドラー心理学に詳しい方には，かなり独自に思えるかもしれません。ただ，先ほども述べましたように，共同体感覚にははっきりとした定義がありません。アドラー心理学に関心をもつ多くの方々が定義を試みていますが，今回はそうしたことの詳細な比較や検討は少し置いておいて，学校教育に適用するために，この言葉をどう理解すればいいかという私見を述べたいと思います。

② 不幸せのサイクル

アドラー心理学では，他者への関心が人生における幸せに不可欠だと捉えています。それでは，他者への関心がなぜ，私たちの幸せにつながるのでしょうか。それは，私たち人類の繁栄と関係しています。

私たちにとって幸せとは一体どのようなことを言うのでしょうか。今から，「幸せ」について述べます。これまでこうしたお話をいくつかの場所で何回かさせていただきました。そして，こうした話をするときには，「少し注意が必要である」ことを学んできました。人には，それぞれ幸せについて思いがあります。だから，幸せの法則や原則みたいなことを言われると，ムズムズしてしまう人が一定の割合でいるようです。「あなたに幸せを決めてほしくない」といった感情でしょうか。また，「多様であるはずの幸せを一つの形に押し込めてほしくない」という基本的な捉えがあるからでしょうか。いずれにせよ，こうした話題を好まない方がいることを承知しています。だから，幸せについて他者から触れられるとむずがゆくなってしまう方は，本節をスルーしていただくことをおすすめします。

みなさんは，ゴリラの赤ちゃんを見たことはありますか。ゴリラは，成獣は180cm近くになる最大の霊長類として知られています。ゴリラと人では，新生児の状態ではどちらの体重が重いと思いますか。大きく屈強な印象のゴリラですが，その赤ちゃんは2000ｇくらいで人の平均的な新生児よりも軽く生まれます。なぜかは，大体予想がつくと思います。赤ちゃんであっても，野生生物は生まれ落ちたときに動ける状態になっていないと「死」を意味し

ます。だから，なるべく軽い体重で生まれ，移動可能である必要があります。牛や馬が生まれてすぐに立ち上がろうとして，脚を突っ張っているのを見たことがあることでしょう。

ゴリラは生まれてすぐは目も見えないし，歩行もできないそうですが，腕力は強く，お母さんにしがみつくことはできるそうです。別な個体にしがみつくことができれば，危険を回避できる可能性は高まりそうです。一方で人はといえば，ご存知のように，生まれてすぐに歩き出す赤ちゃんはいません。自分では動くことができず，どう見ても非力な状態で生まれます。しかし，それなのに，こんなにも繁栄しています。なぜなのでしょうか。それは，

集団をつくることによって，つまり，人と人とがつながることによって身を守り，ここまで繁栄した

と考えられています。赤ちゃんは，生まれるとすぐに大声を上げて泣きます。あれは，赤ちゃんの援助要求です。ああやって他者の世話をかき集めようとしているのです。自分でできないことを人にしてもらうというとても優れた

戦略です。赤ちゃんは，まだまだすごい技をもっています。

みなさんの中に，知人の子でも何でもない赤ちゃんにじっと見つめられた経験のある人は少なくないことでしょう。あれも赤ちゃんの作戦です。見つめられた私たちは，つい，ほほえんだり，あやすような声をかけたりしてしまいます。赤ちゃんは，人間の顔状のパターン化された模様を見つめるようにプログラムされているそうです。かわいい顔で見つめられたら，お世話したくなっちゃいますね。

まだあります。あの赤ちゃんの形状です。丸くって，柔らかそうで，頭が大きいフォルム。私たちは，あのような形状のものを愛しい，かわいらしいと思うように，これまたプログラムされているそうです。ぬいぐるみやゆるキャラは，大体そのような形状をしていますからね。こうして赤ちゃんは，大人のお世話を手に入れて，生き延びていくことができるのです。

人にとって他者とつながることは，生き残るための戦略と言えます。言い方を変えれば，人とつながらずして生きていくことはできないということです。したがって，人の幸せは多様にあれど，その根源的なところに「人とのつながり」があるのです。この原理に則って，人の繁栄の法則が成り立っているのではないでしょうか。

共同体感覚を，「自分への信頼」「他者への信頼」「貢献感」というそれぞれ３つの要素から説明しようとすることがあります。これはアドラー心理学関連の書籍には，割とよく見られる解釈かと思います。これらの関係を図にすると次頁のようなサイクル図が想定されます。他者への信頼がないとつながれない。つながれないから他者に感謝される機会が減る。感謝されないから，自分に自信がもてなくなり，さらに人とつながれなくなるわけです。

幸せについて述べてきたので，この流れを，「不幸せのサイクル」と呼ぶことにします。このサイクルにはまると，どんどん人は自信がなくなっていきます。感謝されなくなった人は，漂流船と同じです。自分がどこにいるか，何のために生きているのかわからなくなります。人は，人とかかわり感謝されることによって自分の立ち位置を確かめることができるわけです。

自分の立ち位置の確認は，生きる意味の自覚

と言っていいでしょう。感謝のメッセージは，GPS 信号の如く，自分のいる場所を映し出してくれます。感謝される人は，自分の立ち位置を把握することができるので，自信をもってそこに立っていられるわけです。人とのつながりが自分という存在を成り立たせるわけです。

③ 幸せのサイクル

幸せに向かうサイクルは，この逆になります。他者を信頼することによって，他者とつながることができます。他者とつながると貢献する機会に恵まれます。貢献することで感謝され，自信をもつことができます。自信をもつことで，さらにつながろうとします。

つながる方が生きる上で有利だと，私たちの生き物としてのメッセージがそう教えるのです。不幸せに向かうサイクルの中では，孤立を強めていきま

す。すると，他者への関心はどんどんやせていきます。場合によっては，社会を恨んだり攻撃の対象として見たりしてしまうような場合も生じてきます。

しかし，幸せのサイクルの中では，他者への関心は増幅され，より成長することでしょう。最初は，家族といった本当の身内から，やがて親しい仲間たちへ，仲間たちからその周辺へ。クラス，学校を越えて地域へと広がり，やがて社会を視野に入れたつながりを意識するようになることでしょう。恐らく人によっては，国を飛び出すと同時に，時間も超えることでしょう。つまり，先祖の存在や子孫たちに向けて広がりを見せることでしょう。法事やお墓参りなどは，過去とのつながりを感じ取る絶好の場として機能しているのだと思います。

人とつながること，それは，時空を超えて自分の立ち位置，つまり，居場所を確かめる営みなのかもしれません。確たる自分というものは，最初から絶対的なものがあるわけでなく，人と人とのつながりの中で座標が定まっていくのではないでしょうか。自分の座標，それを自分の「居場所」と呼んでもいいでしょうし，「アイデンティティー」と呼んでもいいでしょう。

共同体感覚，つまり，他者への関心は，

自らの幸せを見つけようとする意欲を喚起するスイッチ

なのです。

GPS としての共同体感覚

共同体感覚は，私たちにとってちょうど，GPS の役割を果たしています。GPS では，衛星からの電波を私たちが持っているスマホなどの端末で受信し，私たちの居場所を知らせてくれます。教室で不適切な行動をする子どもたちは，教室の中で自分の居場所が見つからず「宙ぶらりん」なのです。居場所が知りたいのに，電波が来たり来なかったり，また電波が来ても微弱だったりと，とても不快であり不安なことでしょう。

ご存知のように，GPS は４つの衛星からの電波を受信することによって測位精度，数十メートルという正確さを実現しています。より多くの電波を受信した方が，自分の正確な居場所を知ることができます。共同体感覚の発達が未熟な状態は，この電波の受信状態が不良であると言えます。こうした状態だと，自分の居場所を知ることができずに，彷徨ってしまうことになります。人とのつながりが確かめられない不安な状態では，独りよがりの行動をしてしまうことになり，不適切な行動をしてしまうこともあるでしょう。

一方，共同体感覚が育つと，より多くの電波を受信できるようになります。自分の居場所をよりしっかりと認識できるようになるわけです。

より多くの人とつながると，その行動は，独りよがりのものから人々への貢献の方向に促される

ので，適切な行動になっていきます。前に述べた「ジベタリアンたちの優先事項」の話を思い出してみてください。自分たちの私的グループの論理に従

って行動する人たちは，人とつながっていても社会とはつながっていないことがあります。子どもたちの世界も同じで，いくら数人の仲間がいても，その仲間がクラスや学校から浮いていては，共同体感覚が育っているという状態ではありません。その子どもたちは，友達には関心があることでしょう。しかし，クラスや学校や地域，ましてや世の中には関心がないのかもしれません。

「共同体感覚が育っている」というのは人とつながっていればいいわけではありません。そこには，やはり，私的グループを超えた公共圏に関心を向け，つながっている必要があります。共同体感覚が「健全性のバロメーター」といわれたりするのは，こうした理由からではないでしょうか。

【注】
＊6　A.アドラー著，岸見一郎訳『個人心理学講義』一光社，1996

「原因追求」教の信者になっていませんか

問題悪化のサイクル

気になる子の問題でうまくいっていない教室には，「問題悪化のサイクル」が回っていることがあります。子どもたちが不適切な行動をする，それに対して教師が過剰な注目（気にしすぎること）をするために，それが，報酬となって不適切な行動を強化してしまうパターンです。例えば，授業中にある子がふらふらと立ち歩いたとします。すると，教師がすかさず声をかけます。最初は，通常のトーンで「どうしたの？　席に着きますよ」くらいの感じです。それで着席してくれればいいのですが，大抵の場合は，そのまま立ち歩き続けます。そうすると教師の方でも無視されたと感じて，感情が波立ちます。そして，次は，少し強い声で「○○さん，はい，席に着きますよ！」と言います。それでも，その子は席に着きません。すると，教師もさらに強い口調で，「○○さん！」などと言います。

これから先の行動は，いろいろな展開が予想されますが，読者のみなさんなら大体は予想がつくでしょう。小学校だったら泣きわめく子，口答えする子，時には，教室から逃げ出す子もいるかもしれません。中学校の場合は，これ以上言うとよりまずいことが起こることを予想し，放っておくか他の教師を呼ぶなどの対応をすることでしょう。いずれにせよ，改善が見られず，反復することでしょう。

なぜ，反復するかはここまで本書を読まれたみなさんならよくおわかりのことだと思います。下図のような，問題悪化のサイクルが循環しているからです。問題解決のためには，このサイクルを変える必要があります。これまで述べてきたことは，このサイクルを変えるための予備知識と言えます。

② 問題に向き合う３つのアプローチ

ここで効果的な問題解決について押さえておきたいと思います。橋本文隆氏は，問題に対するアプローチは次頁の図のような３つがあると言います。一つ目は，原因追求型，二つ目は，成功追求型，三つ目は問題無視型です*7。

最初の「原因追求型」は，問題の原因を明確にして，解決策を考えるものです*8。生徒指導場面で考えると，なぜ，あの子は立ち歩くのか，なぜ，あの子は友達をいじめるのか，どうして，あの子は忘れ物が多いのか，どうして，あのクラスは荒れているのかなどとその問題が起こる原因を明らかにし，その原因を消し去ることで問題の解決を図るアプローチです。

また，「成功追求型」は，原因を追求しないで，問題が解決し成功した状

①原因追求型
問題の原因を明確にして，解決策を考える

②成功追求型
原因を追求しないで，問題が解決し成功した状態を追求する

③問題無視型
問題があっても，それを問題にしない

橋本（2008）より筆者作成

態を追求するというものです。人の行動は，常に明確な理由があって起こるものではありません。「衝動的」に，「気分」で，「なんとなく」行動することはみなさんも経験があることでしょう。立ち歩く子どもたちや，私語をする子どもたち，また，人を叩いてしまう子どもたちは，みんながみんなその行動の原因を自覚しているとは限りません。原因がわからなくても，その行動が起こらないようにすることは可能です。つまり，うまくいっている状態が起こるように条件整備をするのです。授業中に，立ち歩く子や私語をしてしまう子が複数いる場合は，授業中に立ち歩くことやおしゃべりの機会を設けて，そうした行動を目立たなくすればいいでしょう。また，自分の言いたいことが言えなくて，つい手が出てしまうのならば，自分の気持ちの伝え方を教えたり，練習させたりすればいいでしょう。

最後の「問題無視型」は，問題があっても，それを問題にしないというものです[*9]。これは究極の問題解決かもしれません。悩みは主観的なものなので，悩んでいる人がいるから発生するわけです。例えば，一般的に見て，やせているのに，「やせたい」と悩む人がいます。逆に，その人よりもずっと

ふくよかなのに，全く悩んでいない人もいます。友達がたくさんいるのに，自分が孤独だと感じる人がいれば，ごく少数の友達と楽しそうにやっている人もいます。だから，問題を問題と気にしないというのは，かなり効果的な問題解決方法と言えるかもしれません。しかし，これが教室の問題となると教師が気にしなくても，他の子どもたちが気にするかもしれませんし，何よりも問題を抱える子どもは困っているわけですから，「気にしない，気にしない」と笑ってばかりはいられません。したがって，個人的な問題ならばまだしも，教室における問題のように複数の人にかかわる問題については，現実的とは言えないかもしれません。

みなさんは，教室における問題に向き合うときに，とりがちな行動パターンがあるでしょうか。また，あるとしたら，どのようなアプローチをする癖があるでしょうか。

③「マスコミ教師」になることなかれ

これまで，学校現場の問題解決アプローチとして「原因追求型」は有効ではないと指摘し，目的論に立つことを主張しました。なぜ，改めてここで，この話に触れたかというと，こうした話を研修でさせていただいても，なかなか原因追求の癖から脱却できない現実の話をお聞きするからです。この原因追求の癖は，私たちの思考法にこびりついていて，なかなかそこから離れることはできません。かく言う私も，本当に軸足を目的論に置くことができるようになるまでには，それを知ってから，３～４年かかったかもしれません。

原因追求型の思考をしているときは，「袋小路」にはまることが多かったです。教室でナイフを振り回す子，その理由が毎日のように変わる学校に来たがらない子，なにかとクレームのような話をしてくる保護者など，例を挙げたらきりがありません。特に学級崩壊と呼ばれるようなクラスを担任すると，その原因は多様すぎてよくわかりませんでした。また，高学年になればなるほど，いや，低学年だって「不登校傾向の子が学校に行きたがらない原因は何か」と考えても，複雑かつ情報が足りなすぎてよくわからないのが本当のところでした。

原因追求型は，因果関係が単純で，原因と結果の関係が特定しやすい場合に有効なのです。生徒指導や気になる子の支援のような複雑な問題が絡み合う問題には，あまり有効だとは言えません。ただし，「原因追求型が無駄だ」と言いきるつもりもありません。もし，原因追求をしてうまくいくのであれば，やったらよろしいと思います。ただ，原因追求しかしないことは問題だと思います。私は，子どもたちの問題行動や気になる行動の問題を考えるときに，その子の家庭環境や，兄弟関係，また，前年までのクラスでの様子，生育歴など，知ることができる範囲で情報入手を試みました。しかし，それは，原因の特定というよりも，その子の行動の目的を知るためでした。

マスコミ報道に漬かっていると，この原因追求の癖が知らず知らずについてしまいます。なぜなら，マスコミの報道姿勢は，基本的に原因追求型だからです。報道する側としてみたら，特定の悪者を見つけて，それを叩くことで庶民の溜飲を下げた方が視聴率をとれますからね。しかし，教師がマスコ

ミのような興味本位の関心でいたら，困っている子どもたちに寄り添い，支援することはできません。

私たちはひょっとしたら，「原因追求」教に洗脳されているのかもしれません。もし，あなたが教室の問題に悩み，袋小路にはまろうとしていたら，目的論に立ってみて，その子の行動の目的を考えてみてください。あなたのやるべきことが見えるはずです。

【注】

＊7　橋本文隆『問題解決力を高めるソリューション・フォーカス入門　解決志向のコミュニケーション心理学』PHP，2008

＊8　前掲＊7

＊9　前掲＊7

問題ばかり見ていませんか

1 効果的な問題解決

みなさんは，困ったことがあったり，悩んだりすることがあったらどのように対応しているでしょうか。前掲の橋本氏は，ソリューション・フォーカストアプローチの立場から次頁の図のような，３つの原則を述べています。ソリューション・フォーカストアプローチ（SFA）とは，心理療法の一種で，解決志向アプローチなどと訳され，問題の原因について考えるのではなく，問題が解決された状態や既にうまくいっている部分（成功している部分）に焦点を当てて思考します*10。比較的短期間で問題が解決されていることが指摘されています。

なぜ，ここでSFAを持ち出してきたかというと，アドラー心理学の教育における効果を伝えるときに，アドラー心理学の中だけで「それはよい」と言っても説得力に欠けるからです。うまくいくことには共通の原則があります。鏡を使うと自分の姿がよりよく見えるように，SFAという鏡を使ってアドラー心理学を映し出すことによって，アドラー心理学の効果がよりわかりやすく伝わると考えています。もし，SFAに関心をもたれた方がいたら，橋本氏の書籍はじめ関連の書籍が多数出ているので，お読みになることをおすすめします。

SFAは問題の原因，つまり問題に注目せず，それが解決された状態に注

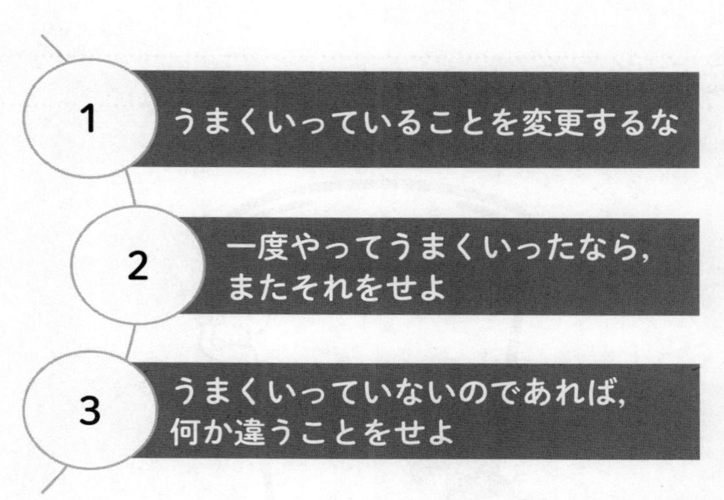

橋本（2008）より筆者作成

目します。SFA は成功追求型のアプローチです。アドラー心理学も現象を分析することに留まらず，問題を解決することを重視していますから成功追求型のアプローチと言えるかもしれません。

例えば，子どもが何か失敗をしたとします。習字の時間に墨汁をこぼしたとします。問題に注目する教師は，「どうして，こぼしたの？」と指摘したくなります。子どもの失敗に注目しているからです。大抵この後，「よそ見しているから，そうなるんだよ」とか「机のぎりぎりに硯を置いたら，そうなるでしょう」とお小言が続きます。解決に注目する場合は，「まずは，床をきれいにしましょう」と原状回復を指示し，その後で，「今度はどうすればいいと思う？」と解決策を考えることでしょう。もし，あなたが，墨をこぼした子どもだったらどのように声をかけてほしいでしょうか。

② 気になる子はみんなパートタイマー

上のコップのイラストを見ていただきましょう。みなさんなら，「水が半分しかない」と見ますか，それとも「水が，まだ，半分もある」と見ますか。SFA では，入っている水に注目します。もちろん，空になった部分も認識しているのです。しかし，そこは敢えて注目しません。

私たちは，子どもたちへの対応をするときにしばしばこの逆をやります。できていないところに注目して，その部分を突くのです。そうやってできていない部分を突かれて誰が，それを改善しようと思うことでしょうか。所謂，問題行動をする子や気になる行動をする子は，みんなパートタイマーです。

「フルタイムの問題行動をする子」や「フルタイムの気になる行動をする子」など存在しない

のです。みなさんの気になる子たちは，朝，学校に来てから，帰るまでずっ

と不適切な行動をしていますか。それはあり得ませんよね。ずっと，立ち歩いていますか，ずっと，奇声を上げていますか，ずっと友達をいじめていますか。いじめの首謀者だって，一日のどこかで，いや，ほとんどの時間，自分はまずいことをしていると思っていることでしょう。不登校を続ける子も一日に何回かは，学校に行こうかなと思っているはずです。もし，いるとしたら私たちの認知が創り出していると言えます。

私たちの目の前にいるのは，時々，それも一日のごくわずかな時間，問題行動をしたり，気になる行動をしたりする子どもたちです。私たちは，彼らのそうした行動を拡大解釈することによって，問題児や気になる子を創り上げているのです。こうした思考法に立って，先ほど示した問題解決の三原則が導き出されます。

もし，あなたが気になる子の対応で問題を抱えているとしたら，いきなり，新しいことを始めたり，袋小路にはまって諦めたりするよりも，まずは，何がうまくいっていないのか，何がうまくいっているのか見極めましょう。それをしないと，うまくいっていることを続けるにも，また，何か違うことをしようにも始まりません。

そう，

目の前の子をありのままに見る

のです。コップ全体を見るように，その子のうまくいっていない部分ばかりでなく，その子のうまくいっている部分もしっかり見ます。そして，ご自身のやっていることに対しても，うまくいっていることとうまくいっていないことを見つめてみてください。失敗ばかりに注目していませんか。しかし，教室はいつもめまぐるしく動いていますね。みなさんが，じっと見ていることを許さない状況かもしれませんね。みなさんがどんなに心を整えても，「よし，今日はあの子のよさを見つけるぞ」と不退転の決意をしても，教室の現実はその決意を一瞬で崩れさせるような圧倒的パワーで迫ってくるかもしれませんね。

そんなときに，アドラー心理学の出番です。次章では，不適切な行動をする子，つまり適切な行動をする勇気がくじかれている子を，どのように勇気づけ，適切な行動を促していくか，具体例を通して考えていきましょう。

【注】
＊10　前掲＊7

勇気づけ

不適切な行動で得ているモノ

① 不適切な行動で得をする

少し抽象的な話が続きましたので，ここでは，事例に沿って話を進めていきたいと思います。小学校４年生の男子，ツヨシ君にまたここで登場してもらいます。彼は所謂「キレる」子でした。つまり，感情のコントロールが苦手でした。彼が３年生のときに所属していたクラスは，所謂，学級崩壊の状態になりました。彼が暴れることによって生じる混乱が主たる理由とのことでした。もうおわかりだと思いますが，ツヨシ君は，【エピソード１】(p.45) に出てきた，ゴミ箱を粉々に踏みつけて破壊した子です。

彼は一日に何度も感情的になって暴れます。その暴れっぷりたるやなかなかのものです。彼が暴れ始めたので，担任が教室に駆けつけると，今，まさに，椅子を友達に向かって投げようとしているところでした。清掃の時間になると，ほぼ毎日清掃班の男子メンバーとチャンバラをし，箒などの清掃用具が壊れることしばしばでした。

給食も他の子どもたちにとって安心の時間ではありませんでした。食欲旺盛な彼は，給食の時間になるといち早く食べ終わり，「おかわり」をします。また，デザートが余ると必ずジャンケンをするために名乗りを上げました。そのジャンケンがまた，けっこうな修羅場で，好きなデザートのジャンケンに参加して，負けでもすると周囲のモノを投げつけて暴れることもありまし

た。そのクラスにとっては，特にデザートがあり，欠席者のいるときは，緊張感のある時間となっていました。

さて，ここで考えていただきたいことがあります。これまで，人間の行動には目的がある，したがって，子どもの問題行動には目的があるということでした。ツヨシ君のキレる行動にも目的があると考えられます。

ツヨシ君の行動の目的は何であると言えるでしょうか。

担任は彼との時間を過ごすうちに，クラスの中で，「問題悪化のサイクル」が循環していることに気づきました。例えば，彼は３年生のときから，しばしば，というかほとんど宿題をしてきませんでした。それを休憩時間に片付けてから遊びに行くように指示をされると，遊び時間を削られることを極度に嫌う彼は，泣いたり，わめいたりして大暴れしたそうです。あまりにもそれが激しいので，担任も段々と宿題を「大目に見る」ようになりました。それはけっして許したのではなくて，放課後までやらないのでそこまで引き延ばしたわけです。そして，彼は「さよなら」の挨拶とともに一目散に逃げ帰ったそうです。

また，給食のデザートジャンケンの折には，最後の２人，つまり決勝までいくと，そこで，相手の子が「俺，やっぱりいいよ」と譲ってしまっていました。恐らく，彼が負けたときの混乱が嫌だったのだと思います。

また，清掃時間の立ちまわりについて言えば，休憩時間に友達と触れ合うことが少ない彼にとっては，清掃時間に暴れることによって，一定の男子とケンカを通じてかかわりをもつことができていました。彼は，キレることによって，宿題の免除，デザートの獲得，そして，友達のかかわりといういろんな得をしていたのです。つまり，通常の学級生活を送っていたら手に入らないものが，「キレる」ことによって，手に入れることができたということです。彼にとって「キレる」ことは実に効率よく，「欲しいモノを手に入れる」ための有効な方法でした。

しかし，本当に彼の目標はこれだけでしょうか。

2 キレることによって得ていたモノ

みなさんはおもちゃ売り場やスーパーで，駄々をこねている子を見たことはないでしょうか。欲しいモノを「買って，買って」とせがみます。時には，泣きながら必死に訴えます。そんなときに親は，その場をどのように収めるでしょうか。買い与えるという方法もありますが，少しもののわかった方ならば，それがわが子のためにならないと知っているので，そういうことはしません。そこで，なだめたり，叱ったりしてその場を収めようとします。それでも，その子は別の機会に同じような行動をすることでしょう。それは，報酬を得ているからです。

欲しいモノは買ってもらっていないのに，「何が報酬なのか？」と思う方もいるかもしれませんね。その子は，欲しいモノは手に入れませんでしたが，別なモノを手に入れました。それは，

親の感情的注目

です。

最初は，本当に，お目当てのモノを買ってほしくて泣いたり騒いだりしたのかもしれません。しかし，そのときに「ぼくがこういう風にしたときに，お母さんは，こんなに一生懸命になってくれるんだ」と学んでしまった可能性があります。それ以降は，モノが欲しくて駄々をこねているのか，親の注目が欲しくて駄々をこねているのか，本人もよくわからなくなっているかもしれません。場合によっては，モノはどうでもよくて，親の注目が欲しくてそうした行動に出ていることもあるでしょう。

ツヨシ君の場合も，ツヨシ君がキレるという行動をどのように獲得したかはわかりません。ただ，最初は本当に宿題が嫌で感情的になったのかもしれません。デザートを食べることができなくて怒ったのかもしれません。また，友達の行動が気に入らなくて箒を振り回したのかもしれません。しかし，それだけ繰り返しキレるということは，それを強化している要因があるのではないかと考えられます。

宿題をしないと，先生が声をかけてくれる，注意したり叱ったりしてくれる，そして呆れてくれる。呆れることも感情的な注目です。箒を振り回して暴れれば，みんながはやし立てたり，怒ったりしながら取り囲んで相手にしてくれます。ツヨシ君がゴミ箱を粉々に壊したときは，彼とゴミ箱の破片をある子は怯えたように，ある子はニヤニヤしながら，また，ある子は，所在なさそうな表情で見つめていました。幾度となくそうした場面はあったのだろうと思います。いつしか，ツヨシ君にとっては，そんな周囲の感情的な注目が，自分の居場所を見つけるために得るモノになっていったのかもしれません。

ツヨシ君の周囲で起こっていた問題悪化のサイクルは，彼が「キレる」，それによって，周囲が注目するなどの「報酬が与えられる」ことによって強化されていたのでしょう。

問題悪化のサイクルについては，心理学を勉強された方ならすぐに思いつくことがあるだろうと思います。オペラント条件づけです。オペラント条件づけとは，自発的，もしくは道具を使った反応（行動）に対して，強化刺激（強化子）を与えて，その行動の生起確率を増加させる条件づけのことです。アメリカの心理学者であり行動分析学の創始者であるB. F. スキナーが発見し，刺激でなく，行動に対する学習を説明しようとするものです。道具的条件づけともいわれます。

オペラント条件づけでは，「刺激」—「反応」—「結果」の３つの項からなる連鎖のことを「三項随伴性」と呼びます。人間がある行動をするとき，その行動を喚起する刺激があり，行動をとった後には，結果が起こる，ということです。不適切な行動は，「反応」ということになります。不適切な行動を変えるには，その前提条件となる刺激やそれを強化する結果を変えればよいということになるでしょう。ただ，アドラー心理学では人の主体性を尊重しています。三項随伴性は，子どもたちの支援に重要な示唆を与えますが，実際には，状況に合わせた工夫が必要でしょう。

不適切な行動に注目しない

① うまくいっていないことをやめる

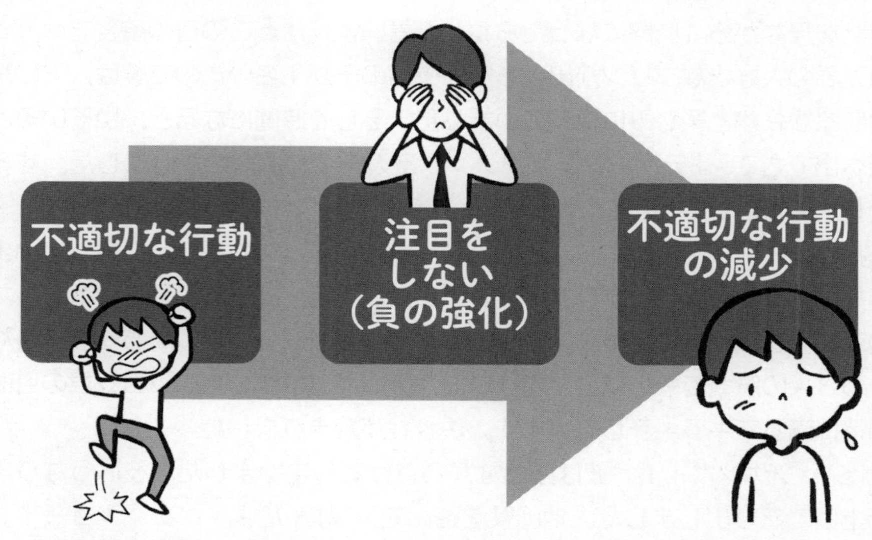

ツヨシ君の周囲では，問題悪化サイクルが回っていました。教師もそこに巻き込まれることによって，教室全体に混乱が生じていました。不適切な行動をする子がいても，教師が巻き込まれなければ，それは一部の問題に過ぎません。したがって，クラスを荒らさないためには，教師は子どもたちの不適切な行動に巻き込まれないことです。問題悪化サイクルは，不適切な行動

に注目することによって回り始めます。つまり，うまくいっていない状態が起こっているわけです。

まずは，うまくいっていないことをやめます。問題悪化サイクルにおいては，不適切な行動への注目をすることによる，不適切な行動への正の強化をやめます。そして，不適切な行動への注目をやめることによって，不適切な行動への負の強化をします。負の強化によって，対象とする行動の軽減，消去をねらいます。

Episode 2

ある日のことです。ツヨシ君は，給食をさっさと食べ終わると，「先生，プリン余ったから，ジャンケンするよね」と担任に確認しました。担任は，時計を見ながら「時間になったらね」と言いました。この日の給食では，ツヨシ君の大好きなプリンが出ました。欠席の子が１名いたので彼は，その瞬間を今か今かと楽しみに待っていました。そして時間になると，いそいそと前へ出てきて，「デザートジャンケンする人～？」と声をかけました。すると６人の子どもたちが前に出てきました。

担任は，それを見つめながら「一波乱あるかな，やれやれ」と思っていました。ジャンケンが始まりました。まず，二人組になってジャンケンをしたので，勝ち残ったのは半分の３人になりました。ツヨシ君は勝ち残りました。その３人の勝負でも，ツヨシ君は勝ち，１人が負けました。ツヨシ君の目は，期待に満ちてキラキラしています。決勝戦が始まりました。

「ジャンケンポイ！」彼は残念ながら負けてしまいました。彼はうなり声を上げて怒り出しました。地団駄を踏んで，「なんだよ！　チクショー！」と怒っていました。担任は，「やれやれ」と思いながらその様子を見ていました。

ツヨシ君が怒っているだけならば，ツヨシ君の怒りが収まるまで待てばいいのですが，教室の現実はイレギュラーなことが起こります。ジャンケンで勝ってプリンを獲得した子が，ツヨシ君の様子を見て，「いいよ，ツー君，俺，やっぱりいらないから，あげる」とプリンを差し出したのです。ツヨシ君は，その姿を見て，さっきまでの怒りはどこへやら，ケロッとして「ありがとう」と言いました。

これでは，ツヨシ君がキレて得をしたことになります。そこで担任は，ツヨシ君のそばに行き，言いました。「ツヨシ君，嬉しい気持ちのところごめんな。それをツヨシ君が受け取ってしまったら，さっき，ジャンケンに負けた人たちは納得しないと思うよ。だから，このプリンは，ジャンケンに勝ったダイチ君のモノだよ」。ツヨシ君はそれを聞くと，再び，いや，先ほどよりも激しく怒り出しました。近くにあった教卓などを蹴り出したので，担任は，彼を教室の外に連れていきました。

ツヨシ君は，廊下に連れ出されると大の字になって寝そべり，今度は教室の壁を蹴り始めました。担任は「落ち着いたら教室においで。待っているからね」と言いました。ツヨシ君は，「うるせえ，クソジジイ，死ね！　死ね！　死ね！」と吐き捨てるように言っていましたが，担任は，それには取り合わずに教室に入りました。教室の中には，ツヨシ君が外から壁を蹴る音が聞こえていましたが，担任が涼しい顔で給食を食べ始めたので，騒然とな

り始めた教室も落ち着きを取り戻しました。ここで担任は，慌てたり，取り乱したりしてはいけないのです。子どもたちは，「コトの重大さ」は，担任の姿を見て察知します。だから，どんなにツヨシ君が暴れようとも，落ち着き払っていることが他の子どもたちの安定には大切なのです。

しばらくすると壁を蹴る音はやみ，仏頂面をしたツヨシ君は教室に入ってきました。「なあ，先生，魚のフライならおかわりしてもいいんだろ！」と言って，担任を睨みつけました。担任は，「もちろんだよ」と笑顔で答えました。ツヨシ君は，自分の席からお皿を持ってくると，まだ残っていた魚のフライを盛りつけ，悔しさをぶつけるかのように食べていました。

---

② ツヨシ君にしたこと

事例を書き並べましたので，ここでツヨシ君に担任がしたことを整理してみましょう。担任の感情は，「やれやれ」という言葉に表現されているように，「またか」と感じています。ここで，ツヨシ君の目標がわかりますね。以前に，不適切な行動の目標の判定基準は，相手役の感情だと述べました。ツヨシ君のこうした行動を他の子どもたちがどのような感情で受け止めていたかはわかりませんが，挑発されたり，教師としての権威を脅かされたりするような感じはしていないので，担任とツヨシ君の間においては，彼の目標は，「注目を引く」段階だと考えられます。

ですから，彼の不適切な行動に対する対応策は「注目をしない」ということになります。彼のキレるという行動による利益獲得のための目標は，二重構造になっています。「プリンを得る」という第一の目標と，「感情的な注目を得る」という第二の目標です。この場合，彼にこの２つの目標達成を断念してもらわなければなりません。

ジャンケンの結果に従うように促したのは，第一目標の達成を断念してもらうためです。彼は，おもちゃ売り場の幼子のように，プリンを獲得できないとわかると目標を切り替えて，第二目標の達成のための行動を始めました。暴れるという行動です。あわよくば，暴れることによって第一目標が手に入るかもしれません。そうでなくとも，周囲の注目を得ることができます。クラスメートもそうですが，教師の注目もです。

そこで，彼を廊下に連れ出して，周囲の注目が集まらないようにしました。また，担任もそこから身を引くことによって，彼を注目されない環境に置きました。あとは，彼の感情が収まるのを待つのみです。感情を落ち着かせたツヨシ君は，教室に戻ってきました。そうしたら笑顔でツヨシ君を迎えるまでです。

いろいろな先生の相談にのっていて気づかされるのは，「問題悪化サイクル」にはまり込んでしまっている方が多いということです。さらには，そのサイクルにはまっていることを自覚しながらも抜け出そうとしない方が少なくないことです。不適切な行動に対して，注意をしたり叱ったりしても効果がないのにそれを続けているのです。先生方がそうしたくなるのもよくわかります。私もかつてはそうでしたから。注意しても叱っても効き目のない子に，同じことを繰り返し，どんどん嫌われていく。そして，ますます，教師としての指導力を失っていくわけです。

それは，子どもたちが不適切な行動をするパターンにはまっているのと同じです。その方法が，「不適切であると知らない」のと「より適切な行動を知らない」からではないでしょうか。まさか，このまま叱り続ければ，よくなるとでも思っているのでしょうか。それをやり続けることによって，クラス全体を危機にさらしてしまうのは以前に書いた通りです。

多くの教師は，コントロール可能なクラスで成り立つ方法論しか学んでいません。大学の教員養成では，不適切な行動をする子への具体的な対応や学級崩壊したクラスの立て直し方法などを授業で扱うことはありませんから。模擬授業では立ち歩く子なんていませんし，教育実習はそういう子がいないクラスで実施されるのが通例ですから。

③ 30分の１から１分の１へ

全体指導の中における個別指導は，注意深く実施しなければなりません。例えば，授業中に立ち歩きを始めた子がいたとします。その子を注意したとします。その子が，大人しく座席に着いてくれたら何の問題もありませんが，そうでないとき，みなさんならどうするでしょうか。

もし，その子が不適切な行動によって注目を得ることを学んでしまっている子ならば，席に着くことはありませんね。また，立ち歩きを始めたときに何度も声をかけることによって，不適切な行動によって注目を得ることを学ばせてしまうことすらあります。その子は，また，別な機会に試します。そうするとまた，教師が注意をしてくれます。そうすると子どもたちは学びます。「なるほど，先生という人たちは，こうすると特別な注目をしてくれるのだな」と。

みんなが席に着いているときに着席し，起立したときに立ったならば，もし，それが30人のクラスだったら，先生の関心は30分の１です。しかし，みんなと異なる行動をしたならば，１分の１になる可能性があるわけです。他の場面で注目されることが少ない子にとっては，注目を得るまたとないチャンスとなるわけです。

授業中に私語をする子，奇声を上げる子，学校には持ってきてはいけない物を持ち込む子，泣き虫な子，すぐ怒る子，忘れ物の多い子，やたらと甘える子，逆にやたらと威張る子などなど，彼らはどのようにしてその行動を獲得したかはわかりませんが，注目を得ることによってその行動を強化してきた可能性があります。

不適切な行動に注目しない

ことは，繰り返される不適切な行動に対してかなり有効な指導法です。ただ，

これだけでは悪化する場合があります。小学校低学年の割と軽い不適切な行動ならば，これだけで軽減することがあります。軽いとは，不適切な行動への注目による強化が浅い場合です。

しかし，これは勇気づけの入り口に過ぎません。前にも述べましたが，子どもたちの不適切な行動には，願いがあります。居場所を確保したいという願いです。彼らは，目的を達成していないわけですから，別な方法で目的を達成しようとするかもしれません。そう，不適切な行動をエスカレートさせる可能性があります。不適切な行動に注目しないことは，勇気づけのスタートに過ぎないと心得るべきです。

「不適切な行動に注目しない」というのは，子どもたちの立場から見ても強いストレスである場合があります。注目を得ようと思って行動しているわけですから。しかし，それは同時に教師にとっても我慢の時間であり，ストレスを感じる場合があるでしょう。多くの教師が我慢できなくて口を出してしまって，結果的に，不適切な行動を強化してしまっています。学級崩壊しているクラスを担任すると，「不適切な行動だらけ」です。授業をしようとすると殊更に大声で関係ない話をしてきて，授業を妨げようとします。「おいおい，先生，先生，先生～，昨日サッカー見た？」みたいな感じです。それをスルーすると，「おお～無視した～，先生～子どもの発言を無視しちゃダメですよ～，なあ，○○」と他の子も巻き添えにしようとします。

注意や叱責をし続ける「深追い」も危険ですが，こうした「巻き込まれ」にも注意が必要です。「深追い」や「巻き込まれ」を繰り返す教師は，その都度，他の子どもたちの信頼も失っていくことになります。「不適切な行動に注目しない」ことによって子どもたちに伝えたいことは，次のことです。

不適切な行動で居場所をつくらなくていい。

不適切な行動をいくら繰り返しても，それは誤った目標の達成をしているだけで，「居場所を確保する」という目的が達成されることはありません。だから，そのことを知らせる必要があります。しかし，それを直接口に出して指導しても，不適切な行動をしている子どもたちは受け入れることはないでしょう。だから，教師の行動でそれを示すようにするのです。

適切な行動に注目する

 たとえその目標が叶わずとも

ある程度のキャリアのある教師ならば，子どもたちの不適切な行動に対して「深追い」しない方がいいことはわかっていることだと思います。また，「巻き込まれ」にも気をつけていることと思います。多くの教師は，不適切な行動に注目しないことはやっているようです。

しかし，再三申し上げてきたように，子どもたちの不適切な行動には「誤った目標」が設定されています。不適切な行動は，それを達成するための手段です。不適切な行動に注目をしないということは，その目標達成を阻止することになります。しかし，アドラー心理学の考え方に則れば，人の行動は目標志向性があるので，

ある行動で目標の達成が叶わなくなると，別な行動で達成しようとする

ことが起こります。

例えば，授業中におしゃべりすることで，注目を得ようとしている子がいたとします。しかし，教師はそのおしゃべりには声かけも注意もすることなく，授業を進行し続けたとします。するとその子は，今度は，机を叩いたり奇声を上げたりするなどして教師をなんとか自分に向かせようとします。そ

れでも教師が注目をしないと，今度は立ち歩き，終いには教師の脚にしがみついたりするというような場合です。大抵はここまでいかずに，教師がどこかで注目してしまうことでしょう。

子どもたちの行動は，居場所を見つけるためであり，不適切な行動はそれを実現するための誤った目標の設定であるとわかれば，不適切な行動に注目しないことだけではうまくいかないことがわかります。

そこで，不適切な行動に注目しないことと同時進行で取り組むことは，

適切な行動に注目する

ということです。子どもたちの不適切な行動は，全てパートタイムです。したがって，適切な行動もしているはずです。よく子育てでは，子どもを「ありのままに受け入れる」ことが大事だといいます。そういった場合は，「その子らしさ」を受け入れるといった意味で使われることが多いように思われます。その子らしさとかその子の個性と言ってしまうと，そこに見る側の解釈がかなり入り込みます。何をもって「その子らしさ」や「個性」とするかは，客観的な指標が見出しにくいです。

しかし，アドラー心理学で言うところの「ありのまま」とは，ちょっと異なると解釈しています。アドラー心理学でこの言葉を用いる場合は，文字通りです。対象丸ごと全部という意味です。不適切な行動を「ないもの」とは捉えません。それも含めて，それ以外の適切な行動や適切とも不適切とも分類できない中間の行動も全部合わせて「ありのまま」と捉えます。

そもそも世の中に，１から10まで全ての行動が不適切な人なんているでしょうか。犯罪に手を染めてしまった人だって，「普段は優しい人」「会えば挨拶くらいはする」なんて話はよくあることです。朝から晩まで悪いことをやっている人なんてファンタジーの世界の話です。にもかかわらず私たちは，子どもたちに対して「問題児」や「気になる子」というレッテルを貼ってしまっているのです。「問題児」や「気になる子」を生み出しているのは私た

ちの解釈の問題であることはこれまでも述べてきたことです。

私たちは，子どもたちが不適切な行動をし，また，その頻度や程度が増すと，それを拡大解釈しがちです。裏を返せば，適切な行動が過小評価されているわけです。子どもたちは，うまくやっていることやうまくやる力をたくさんもっているはずです。では，またここでツヨシ君に登場してもらい，この問題を考えてみたいと思います。

② うまくいっていることを探す

事例を並べますので，担任が注目していることは何か考えながらお読みください。

Episode 3

ツヨシ君は，学級開きのその日にもさっそく，友達とトラブルがありました。ひとしきり泣いて暴れた後，初対面だった担任は，彼にこう伝えました。

「どう，落ち着いた？」

涙を袖で拭き取りながら，彼は頷きました。

「3年生のときから見ていて思っていたんだけどさ，ツヨシ君はさ，理由もなく怒る人じゃないよね。だからさ，落ち着いて話せるようになったら，理由を聞かせてくれるかな。」

彼は，目をぱちくりさせながら，担任の顔を見ました。それから，担任は彼が暴れる度に，落ち着いてから彼の話に耳を傾けました。彼は，どんなに激しく暴れても落ち着くと事の経緯を担任に話しました。前年は，暴れると泣きながら帰ることもあったといいます。彼は担任と話すのを嫌がったりすることはありませんでした。

Episode 4

最初の授業参観の日のことです。担任が代わったばかりということもあり，大勢の保護者が来ました。子どもたちも張りきったのか，いつもより発言者の多い授業となりました。前年は荒れていたということもあって，保護者にも少し安堵の表情が見られました。

しかし，その表情が一瞬にして曇ることが起こりました。ツヨシ君は，教室中央の最後方の座席でしたが，授業が段々と盛り上がってきたので，もともと発言好きのツヨシ君の気持ちものってきたのでしょう。彼は指名してほしくて懸命に挙手をしました。担任は，それは十分すぎるほどにわかっていましたが，授業が成り立っている様子，そして，いろいろな子が活躍している様子を見てほしくて，ツヨシ君への指名を控えていました。しかし，もう限界だろうと判断し，指名しました。すると彼は，嬉しくなって机上に仁王立ちとなって元気よく発言しました。言いきると，満足げに着席しました。担任は笑顔でいたので，子どもたちは全く平気でしたが，保護者の一部は表情が凍っていたように見えました。

授業が終わると，7～8名の保護者の方が廊下で担任の前に並び，こう言いました。

「先生は，子どもたちにだいぶ自由にやらせているようですね。しかし，きちんとしつけていただかないと困りますよ。」

言葉は丁寧でしたが，メッセージは，大変厳しい雰囲気の中で伝えられました。担任はそれを聞き終わると，深々と頭を下げて言いました。

「誠に申し訳ございません。ご心配をおかけしたと思います。私の力不足でございます。

ただ，少しずつですが，成長が見られております。ご心配をおかけしないようにしっかりと指導していきたいと思います。今日は，本当にありがとうございました。今後ともよろしくお願いいたします。」

Episode 5

運動会の季節になりました。この学校の運動会の花形は応援団です。応援団は，３年生以上の代表で構成されますが，どのクラスもなり手が多く，担任たちにとっては嬉しい悲鳴が上がっていたようです。しかし，ツヨシ君のクラスは，前年度荒れていたこともあって，こうした役割の立候補になると誰も手を挙げないという雰囲気ができていました。ツヨシ君は，ここぞチャンスとばかりに立候補しました。彼は無風状態で応援団のメンバーになりました。

それが保護者に知られると，何人かの保護者から連絡をいただきました。「なぜ，彼が応援団なのか？」といった内容ですが，要は，質問の形をしたクレームです。きっとわが子を応援団にと思っていたのかもしれません。担任は，丁寧に事情を説明しました。

応援練習では，協力しないクラスメートに彼が怒り出し，ケンカになることもありました。クラスメートの態度に問題はありましたが，そもそも彼がクラスメートから信頼されていないことが根底にはありました。担任は，応援団指導の担当でもあったので，ツヨシ君が本番でも立派にやり遂げられるようにしっかりと指導しようと心掛けました。練習をさせる手順を教え，何度か，応援練習の練習もしました。

しかし，あるとき，彼は放課後の練習に出たくないと言ったことがありました。担任はそれを聞くと，彼に言いました。

「そうなんだ。でも，どうだろう。ここであなたが今日休んだら，そのことを知ったら，みんなはどう思うかな。今日までみんながみんな協力的だったわけじゃないよね。でも，前はあんなに学校が終わると一目散に帰っていた君が，これまでがんばってきたからほとんどのみんながあなたをリーダーとして認めてきたんだよね。みんながやっていないことをやっているからリーダーなんだよね。もし，ここであなたが帰ったら，みんなは本番まであなたをリーダーとして認めるかな。」

彼は渋々ながらも練習に参加しました。応援団の活動は嫌いではなかったようで，活動が始まると楽しそうにやっていました。あとでわかったことなのですが，なぜ，その日，彼が練習を嫌がったかといえば，お気に入りのコミックの発売日で，いち早く読みたかったようでした。

本番の彼は，４年生ながらまるで団長のような活躍をしていました。これまで歴代応援団は，教師の指示がないと動かないことが多かったのです。しかし，彼は，自分で「今，応援しに行こう」と他の学年のメンバーに声をかけて，それこそ主体的に動いていました。それは他の先生方も感心するほどの動きでした。

さて，この３つのエピソードにおいて担任が注目したことは何でしょうか。また，みなさんもご自身が不適切な行動をする子に接するときに注目していることは何でしょうか。ここからたくさんの事例が出てきます。事例をお読みになるときに想像力を働かせて，自分のクラスでは，あの子の場合ではというように，ご自分やご自身のクラスに引き寄せながらお読みいただきたいと思います。

適切な行動の原動力

 担任が注目したこと

エピソードが続きましたので，ここで，前節のように担任がしたことを整理していきましょう。

【エピソード3】（p.137）で，担任が注目していたことは，ツヨシ君が「キレること」ではなくて，「落ち着くことができること」そして，「落ち着けば理由をきちんと話せること」です。担任がそれらに注目し，彼に伝えたかったことは，

> **あなたは，理由もなく怒る人ではないし，しかも，その怒りを静めることができる人である**

ということです。怒ることには関心が向けられていないのです。彼の周囲では，怒るというアウトプットがあまりにも激しいのでそこばかりに注目が集まりがちでしたが，そこばかりあげつらうことは彼を人として認めていないのではないでしょうか。我々も不快なことがあったら怒ります。それは，自然なことです。人は怒るものです。しかも彼は野別幕無しに怒っているのではなく，彼にとっては正当な理由があるわけです。そして，同時に我々は，怒りから解放され落ち着く能力ももっています。当然，彼もその能力をもっ

ています。彼を「キレる子」だと言ってしまうことは簡単です。しかし，そうしたわかりやすいレッテルは，同時に「理由もなく怒らないこと」や「その怒りを静めることができること」といった，適切な姿を見えなくしてしまいます。

だから，担任はどんなに彼が激しく怒っても，「怒ってはいけない」とか「そんなに怒るものではない」とは言いませんでした。むしろ，逆でした。理由を聞いて，「そりゃ，腹が立つよね」と怒りを肯定することが多かったです。感情は否定しないわけです。感情は強いエネルギーです。それをそのままにしておくと，分厚いバリアとなってその先に進めません。だから，感情を認めてしまいます。すると，その後の話がしやすくなることが多いです。

みなさんも憤りや悲しみを感じたときに，それを受け入れてもらうと冷静になりませんか。逆に，そこを否定されると表面上は平静を保っていたとしても，ずっと，その思いを引きずってしまいます。担任が注目していたことは，彼の人としての自然な姿ではありますが，その根底には，彼の

人格への尊敬の念

があります。

②尊敬が「よい行い」の原動力

みなさんは，マズローの欲求階層説をご存知だと思います。人の欲求は，次頁の図のような階層を為して出現するというあまりにも有名な学説です。最上位の「自己実現の欲求」をマズローは，「自分自身，最高に平穏であろうとするなら，音楽家は音楽をつくり，美術家は絵を描き，詩人は詩を書いていなければいけない。人は，自分がなりうるものにならなければいけない。人は，自分自身の本性に忠実でなければならない。このような欲求を，自己実現の欲求と呼ぶことができるであろう」と説明します*11。

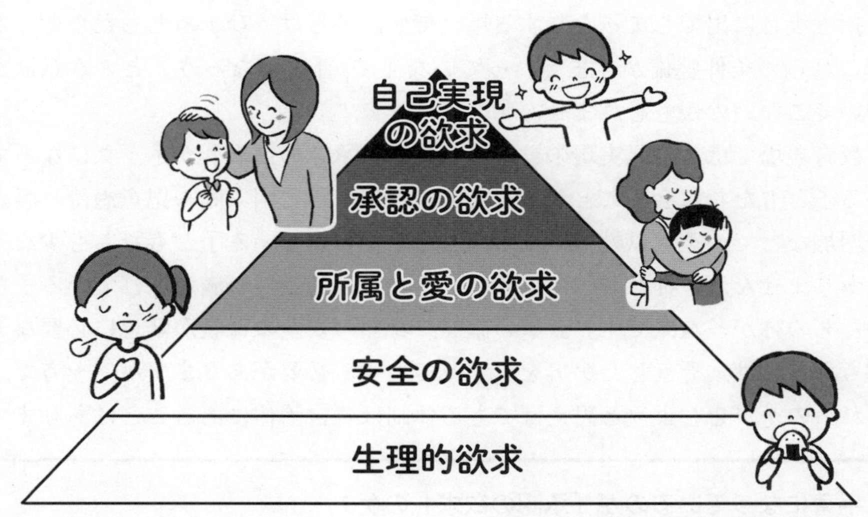

A. H. マズロー，小口訳（1987）をもとに筆者作成

つまり，

「なりたい自分になろうとする」欲求

と言えるかもしれません。

簡単に言えば，私たちは，生物としての生命維持，身の安全の保障，居場所があること，そして，認められることの諸条件が満たされないと，自分らしくなろうという願いが出てこないということになります。自己実現することを人の幸せと捉えるならば，それらの諸条件が満たされないと，人は幸せになろうとはしないと言い換えることができます。

人は，悪いとわかっていても誤ちを犯してしまうことがあります。それは，そうした諸条件がどこかで満たされない場合，人生の目標が誤った目標にすり替えられてしまい，誤った行動をとってしまうのではないでしょうか。親や教師の熱心な指導にもかかわらず，なかなか，教育効果が現れない子がいます。親や教師がよかれと思ってすることがスルーされたり，かえって反発を招き裏目に出てしまったりする場合です。彼らは，ひょっとしたらどこかでこれらの条件整備がうまくいっていなくて，「よくなろう」という意欲がわいてこないのかもしれません。

教育現場では，自己実現の欲求の手前の「承認の欲求」がネックになっている子どもたちに会うことがあります。近年は，貧困家庭や児童虐待，離婚の増加などで，それ以外の欲求の満たしが揺らいでいる子どもたちも少なくはありませんが，押し並べて見れば，それらの諸条件が満たされている子どもたちの方が多数派です。食事の確保，身体の安全の保護が緊急に必要な子どもたちには，そうしたケアをすぐにでもする必要がありますが，一方で，それらのケアをしようと思えばできる体制は各自治体にあることはあります。

手薄になっているのが「承認の欲求」のケア

です。「承認の欲求」は，「尊厳の欲求」や「自尊心の欲求」とも呼ばれます。これらの欲求は，自己への評価の欲求と，他者からの評価に対する欲求から成ります。これらの欲求が満たされるためには，自分や自分のしたことに対して，自分で納得することと，他者から承認されることの２つの側面からの満たしが必要だということです。

マズローは，この欲求が満たされる重要性を次のように言います*[12]。「自尊心の欲求を充足することは，自信，有用性，強さ，能力，適切さなどの感情や，世の中で役に立ち必要とされるなどの感情をもたらす。しかし逆にこれらの欲求が妨害されると，劣等感，弱さ，無力感などの感情が生じる。これらの感情は，根底的失望か，さもなければ補償的・神経症的傾向を引き起こすことになる。重傷の外傷神経症の研究を見れば，基本的自信がいかに必要であるか，それをもたない人間がいかに無力であるかを容易に理解することができるのである。」

個人レベルで見ると，その人が自己評価に重きを置くか，他者評価に重きを置くかは様々でしょう。しかし，自己評価と他者評価は相互に関連し合っていることを考えると，教育という立場から見ると，他者評価，つまり他者からの承認ということの意味をもっと大事に考えなくてはならないのではないでしょうか。私たちは，他者評価から完全に自由になることはできません。

例えば，みなさんが研究授業をしたとしましょう。みなさんのモチベーションが上がるときは，恐らく，自己評価と他者評価がポジティブに一致したときではないでしょうか。双方がネガティブで一致したときには，最もモチベーションが下がるでしょう。一方で，双方が食い違ったときには，その中間になることでしょう。自己がポジティブで他者がネガティブだったら，その自己評価は「意外と，今ひとつだったんだ」とディスカウントされることでしょう。また，自己がネガティブで，他者がポジティブだったら，「それほど，悪くなかったんだ」と少し前向きになれることでしょう。「人の評価は気にしない」と言いきる人でも，他者評価を無視することは至難の業です。

マズローの言葉からわかるように，承認欲求を満たすことは，共同体感覚の育成にとっても重要です。「自信，有用性，強さ，能力，適切さなどの感情や，世の中で役に立ち必要とされるなどの感情」といったここら辺の記述は，まさに，自己への信頼や貢献感であり，それらは共同体感覚の欠くべからざる構成要素です。

人は，尊敬されないと「よい行い」をしようとしない

のです。

③「悪い子」の前に立つときに表出するモノ

しかし，学校現場の生徒指導場面では，対象の子どもたちに対して尊敬の念を感じることが難しい場面によく出会います。そもそも，問題行動や気になる行動は，「悪いこと」という前提に立っているので，それらをする子どもたちは，「悪い子」となっているわけです。子どもたちの問題行動や気になる行動を職員で話しているときの空気やメンバーの表情を見てみてください。重い空気の中で，迷惑そうな困った顔をしていませんか。また，自分がその子の担任だったとして，ご自身の感情をモニターしてみてください。その子を支援するというよりも，問題行動や気になる行動をなんとかしたいと，「懲らしめたい」とか「直したい」という感情になっていませんか。

私たちは，感情が表に出てしまいがちです。自分では隠していてもなかなか隠しきれないものです。みなさんも，自分のことを嫌っている人と自分に好意をもっている人は，なんとなくその雰囲気でわかるのではありませんか。これらのことは前に述べましたね。しかし，とても大事なことですので，敢えてもう一度強調しておきます。

子どもたちは，自分を愛してくれる人とそうではない人を見分けるプロ

です。あなたが，彼らの前に立ったときに，自分たちのこと，自分のことをどう思っているかを一瞬にして見極めることでしょう。彼らの眼力を侮らない方がいいと思います。

もし，あなたが「この子は人に迷惑をかける困った子だ」という思いをもって，その子の前に立ったのならばその子は，あなたに心を閉ざすことでしょう。また，あなたが「この子は今抱えている問題を解決する力のある子だ」という思いをもってその子の前に立ったのならば，その子は，あなたを問題解決のパートナーに選んでくれるかもしれません。その子の前に立つ以

前から，既に教育は始まっているのです。

私たちが，子どもたちへの尊敬の念を欠いたとき，私たちの教育力は失われる

のです。

みなさんの周囲には，みなさんに敬意を欠くというか，ちょっと人を小馬鹿にした態度をとる人はいませんでしょうか。そこまでいかなくても，自分を好きではないだろうなと思う人はいませんか。その人が，あなたに何かを言ったとき，それがもし，あなたを認めるようなことを言ったとしたらどうでしょう。少々違和感がありながらも，まんざらではないかもしれませんね。しかし，その人が「ああいうときは，こうした方がいいよ」などと言ったとしたら，それを素直に忠告や助言として受け入れることができるでしょうか。恐らく難しいのではないでしょうか。むしろ，反発すら感じ，余計に関係性が悪くなってしまうのではありませんか。

私たちが子どもたちに伝えることは，耳当たりのいいことばかりではありません。耳の痛いことを言わねばならないこともあります。私たちが，彼らに影響力をもつためには，まず，信頼を獲得しなくてはならないのです。その前提として，

まず，子どもたちに尊敬の念をもつ

ことが必要なのです。

【エピソード３】は，ツヨシ君との出会いの日です。その日に，担任がツヨシ君を尊敬していることを敢えて言葉にして伝える（「３年生のときから見ていて思っていたんだけどさ，ツヨシ君はさ，理由もなく怒る人じゃないよね」の部分）必然性があったかどうかはわかりません。ただ，ツヨシ君は，どんなに暴れても，落ち着けばちゃんと理由は話してくれました。子どもたちは自分の過失があると思っているとなかなか口を開こうとしないことがあります。しかし，ツヨシ君は，担任から感情的に責められることはないとわかっていたのでしょうか，事情を正直に話してくれました。だから，事後の整理はし易かったと言えると思います。

【注】

＊11　A. H. マズロー著，小口忠彦訳『改訂新版　人間性の心理学　モチベーションとパーソナリティ』産業能率大学出版部，1987

＊12　前掲＊11

不適切な行動には「意味」が与えられている

怒りで人は変えられない

【エピソード4】で，担任が注目したことは，「授業中に机の上に立つこと」ではなく，「積極的に挙手をして発言をすること」です。もし担任が，前者に注目したら，「ツヨシ君，まず，席に着きましょう」という注意をしたことでしょう。すると，ツヨシ君はどういう反応をしたでしょうか。この段階では，ツヨシ君は担任のその言葉を意に介せず，机の上で「ハイ，ハイッ！」と大きな声を出しながら自分をアピールしたことでしょう。それでも担任が，注意を繰り返せば，間違いなく「キレる」という行動に出たはずです。そこで彼がそうなったらそれこそ保護者の前で大立ち回りが始まる可能性があります。

ただでさえ，大勢の保護者の方が教室にいてツヨシ君は興奮していました。だから，担任は，着席して挙手をしているかのように机上で仁王立ちをして挙手をしているツヨシ君に「はい，どうぞ」と指名をしました。ツヨシ君は，元気よく自分の意見を言うと満足げに着席しました。そこで担任は，目を合わせてニコリと笑いました。ここでは，「次は，着席して手を挙げてください」とか「机の上に立ってはいけません」などと注意することはしません。「挙手をして発言したこと」や「着席したこと」に注目をしたのです。

しかし，それを見た保護者の方は，「なんと生ぬるい」と思ったことでしょう。保護者のみなさんの腹立ちはよく理解できます。しかも，保護者は，「彼のせいで昨年は教室が混乱していた」と思っているのです。保護者の多くは，あそこで担任が彼をビシッと注意して彼をシュンとさせる姿を望んでいたに違いありません。それは，ちょうど時代劇で，ヒーローが悪人を圧倒的な力でねじ伏せるような場面です。しかし，目の前で展開されたのは，それとは真逆の光景だったのです。

保護者からクレームめいたことを言われると，子どもたちを叱りたくなりますが，ここで担任が注目したのは，保護者の怒りやクレームではなく，授業が成り立つことです。ツヨシ君の不適切と思われる行動は，机の上に立ち上がったことくらいで，あとは通常通りに授業を受けました。言い方は悪いですが，保護者のクレームについては，頭を下げていながらもスルーをしたことになります。しかし，それは保護者のクレームに向き合わないということではなく，「今は敢えて注目しない」ということです。保護者に深々と頭を下げ，保護者が帰るのを見送った後は，教室に戻り，笑顔で帰りの会をしました。

このように書くと，さも「スマート」に事態を乗り越えているように思わ

れるかもしれませんが，感情の整理はそう簡単にはつきません。このときの担任は，とても悔しい思いをしています。しかし，悔し紛れにツヨシ君を叱っても，また，保護者と戦っても何のいいこともありません。ここはまさしく「臥薪嘗胆」です。

怒りで人は変えられない

のです。ツヨシ君にそれを教えようという担任が，怒りで人を変えようとしていたら，それは矛盾というものです。

② 不適切な行動を無意味化する

エピソードに対する解説をお読みになっても，「理屈はわかるが，それではツヨシ君の行動は変わらないのではないか」と思われる方もいることでしょう。しかし，逆に考えてみてください。ツヨシ君に注意や叱責を繰り返したらどういうことが起こるでしょうか。ツヨシ君に注意や叱責をして，不適切な行動をやめてくれるならば，私は，注意や叱責をすることを否定はしません。しかし，彼は，担任に出会うまでに既に多くの注意や叱責を受けてきたと思われます。もちろん，担任もそうしても効果がないことを思い知らされたわけです。注意や叱責の効果がない場合は，注意や叱責が報酬となって不適切な行動を強化している可能性が考えられます。

つまり，不適切な行動をすると教師はよかれと思ってその子に注意や叱責を繰り返しますが，それはちょうど火に油を注いでいるようなものです。例えば，教室の中で授業を受けているとします。もし教室に30人いたら，教師からその子への注目の配分は30分の１です。教師が，「それでは，教科書の○頁～○頁まで読みましょう」と言ったときに，全員がスムーズに読み始めれば，注目は分散されたままです。しかし，教師の注目を集める方法があります。もうおわかりですね。

他の子と違うことをすればいい

のです。

適切な行動をして注目を集めることができる子は，発言をしたり，より適切な考えをノートに書いたり，素早く作業をしたりすることでそれをすることができます。教師が指名してくれたり，感心してくれたり，ほめたりしてくれることで注目されるわけです。これを別なベクトルでやろうとするのが，不適切な行動をする子どもたちです。やる気のない態度を示したり，やるべきことをしなかったりするのです。「立ち歩き」や「奇声を上げる」，「私語をする」などの行動は，かなり効率的に教師の注目を集めることができます。しかも，適切な行動よりも不適切な行動は，強い感情を引き出すことができます。それだけ，強い注目と言えます。なぜ，そこまでして注目を引きたいのでしょうか。それは，

注目は居場所そのもの

だからです。整然としている教室で立ち歩けば，その瞬間に教師の注目は，30分の１から１分の１になります。つまり，一瞬にして居場所ができるわけです。

ツヨシ君は，不適切な行動で１分の１の注目を得てきました。それは彼にとっては社会生活を送る上での「誤学習」を繰り返してきたと言えます。このときのツヨシ君に必要なことは，そういった「誤学習」によって得た認識の上書きをすることなのです。不適切な行動をして，注目されるということは，ツヨシ君にとっての教室は

不適切な行動に意味が与えられている

ということになります。不適切な行動をする子どもたちは，その意味を求めて不適切な行動を繰り返します。よく私たちは，やっても無駄なことをしてしまうと，「こんなことしても意味ないじゃないか」と思ったり言ったりすることがありますよね。ここで言う意味とは，「価値や重要さ」ということです。

教師は，しばしば指導という名の下で不適切な行動に意味を与えてしまうことがあります。注意されることや叱られること，そして怒られること，それが注目であると学んでしまった子にとっては，それらの行為は報酬でしかありません。注意する度，叱る度，そして怒る度にご褒美をあげていることになります。「火に油を注ぐ」状態です。

叱るからこそ，不適切な行動は続く

状態を創り出してしまっています。だから，彼が，机の上に立って挙手をしようが，「デザートジャンケン」に負けて大暴れしようが，その行動には意味を与えないようにします。机の上に立とうが，普通に指名し，大暴れしよ

うがジャンケンのルールには従ってもらうのです。

しかし，不適切な行動は，同時に適切な行動が起こるチャンスを内包しています。そこに教師が注目することで意味を与えます。キレるという行動は，キレる状態から回復するという適切な行動を起こします。机の上に立ち上がって発言しようとする行動は，積極的に学習しようとする意欲，行動の表れです。

不適切な行動が起こったときは，適切な行動を見つけるチャンス

でもあるのです。

プロの視点

適切な行動を探してみよう

次に示すエピソードは，ツヨシ君の事例ではありませんが，適切な行動を探すよい具体例となります。以下の事例に出てくる子の適切な行動を探してみてください。そして，自分が授業者ならば，どのようにするか考えてみてください。

Episode 6

ショウコさん（小４）は，思い通りにならないと感情的になってしまうことがあります。ある日，算数の時間にプリントが配られました。しばらくすると「何コレ！　こんなのわかんない！」と大きな声で言うと，プリントをくしゃくしゃに丸めて投げ捨てると同時に，机を足で蹴りました。机はガタンと大きな音を立てて倒れました。周りの子はビックリしてその様子を見ていました。

さて，みなさん，このエピソードにおけるショウコさんの適切な行動を探してみてください。

確かに「プリントを丸めて投げ捨てる」「怒り声を上げる」「机を蹴る」ことは，不適切な行動かもしれません。ここで，それらの行動にすぐさま指導を入れることは，彼女のそうした行動に意味を与えることになります。彼女もツヨシ君のように，気に入らないことがあると感情的になるということを繰り返してきた子です。そこについては，何度も指導を受けてきています。しかし，それが改善されないまま今に至っています。

ここで注目すべきは，彼女のどんな行動でしょうか。お気づきだと思いますが，彼女が怒りを感じたのは，問題に取り組んだからです。だから，その行動にこそ意味をもたせます。

Episode 7

担任は，プリントを拾い上げ，しわを伸ばしながら，言いました。「一生懸命解こうとしたんだね。どこがわからなかったの？」すると彼女は，口を尖らせながら，しわくちゃになったプリントに書かれたある問題を指さしました。担任は，新しいプリントを用意して「ここは，こうやるんだよ，できそう？」と尋ねると，頷きました。そこで続けて，「ショウコさん，今度はわからなかったら，手を挙げたり，ここわかりませんって質問したりしてね，そうしてくれると先生，嬉しいな」と言うと，プリントに取り組みながら，小さく頷きました。それからは，彼女が，プリントを投げ捨てるような行動をとることはなく，わからないと静かに手を挙げて教師を待つようになりました。

ショウコさんは，困ったときの対処の仕方がわからないのかもしれません。わからなくなるとその不安や心配を解消するために，慣れ親しんだ方法，つまり，感情的になる，という行動に出ているのかもしれません。ショウコさんのような行動をとる子には，不適切な行動を直接的に抑えるような指導をするよりも，適切な行動を見つけてそれを認めた上で，

心配ごとや不安の解決のための手順を教える

方が効果的です。

適切な行動は見えにくく，不適切な行動は見えやすいものです。しかし，不適切な行動の影には，量的にはもっと多くの適切な行動が隠れていると見た方がいいです。一方で，不適切な行動でも「いじめ」はなかなか見えません。要するに，見ようとしないものは見えないということです。不適切な行動は目につくといいますが，それは，不適切な行動を見ようとしているからです。適切な行動は見ようとしないとなかなか目に入ってきません。不適切な行動を見ることは，素人でもできるのです。適切な行動が見える人は，プロの力をもった人の営みであると言えるでしょう。

②うまくいくまで支援を続ける

【エピソード５】（p.139）で注目していること，注目しないことは何でしょう。これは明らかですよね。注目していることは，ツヨシ君が応援団として行動していることです。一方で注目しないことは，周囲の目です。彼が応援団になったときの保護者の反応に象徴されるように，周囲の目は冷ややかです。保護者がクレームじみたことを言うのは，けっして多数派ではありませんが，家庭でそのようなことを言っている子どもたちがいるということです。特に，本当は応援団になりたかったけど，立候補するに至らなかった子どもたちは，内心穏やかではなかったでしょう。

せっかく「うまくいっていること」が起こっているのに，ツヨシ君自身が，そこから離脱や逃避をしようとしたことがありました。しかし，「うまくいっていること」は変更してはいけないのです。ここでツヨシ君が中途半端なパフォーマンスをしてしまったら，それこそ周囲の思う壺です（本当にツヨシ君の負担が大きくて，応援団を続けることがツヨシ君の学校生活に支障が出るほどだったら，それは変更せざるを得ないとは思います）。応援団の仕事は，ツヨシ君が感情を使わず，正当な手続きで勝ち取ったものです。つまり適切な行動です。これをやり遂げることは，不適切な行動によって注目を得ていたツヨシ君の認識に，適切な行動で注目を得るという認識を上書きする絶好のチャンスです。

生徒指導で，問題傾向のある子に役割を担ってもらうことによって，問題行動の減少をねらうような方法は，伝統的にとられてきました。しかし，いつもそうした手法がうまくいくわけではありません。もともとその役割を遂行するだけの力のある子は，任されることによって力を発揮することができるでしょう。しかし，役割と実力にギャップがある場合は，自信を失ってしまって逆効果になる場合があります。挫折は人を育てますが，それは，ある程度の成功体験の裏づけがある人の場合です。ツヨシ君のような成功体験の少ない子は，失敗することによってさらに不適切な行動の頻度を増やすこともあるでしょう。だから，しっかりと成功するようにサポートすることが大事です。

余談になりますが，担任が異動してきた初年度の運動会における応援団（３～６年生の学級から選出）は，ほぼ全員，推薦によって選ばれたメンバーでした。つまり，立候補がいないということです。団長，副団長をやるはずの６年生のやる気が最も低いという状態でした。それでもしっかりと指導すると応援団は，運動会の花形としての活躍をするようになります。そうした運動会を一度でも経験すると，全校の応援団を見る目が変わります。次年度からは，ほとんどのクラスで応援団の立候補に困ることがないという状態になります。また，リレーの選手と応援団を兼ねることができないことになっている学校がありますが，そうした学校では，リレーの選手になることを辞退して応援団になる子もいました。高学年の教師や体育主任が，嬉しいような，困ったような声を上げるようになりました。

一方，荒れたクラスでは，やはり，応援団の立候補が出にくいという傾向がありました。ツヨシ君のクラスもそういうクラスだったわけです。しかし，潜在的に応援団になりたい子は相当数いて，それがツヨシ君への嫉妬，そして，嫉妬からの反発となっていました。

だから，ツヨシ君には中途半端なパフォーマンスは，許されない状況となっていました。ツヨシ君は，挫折しそうなときもありましたが，最後までやり遂げました。そんなツヨシ君を担任は，毎日励まし，彼のがんばりを伝えました。「今日は，よく声が出ていた」「今日は，よく腕が伸びていたね」「今日の１年生への指示はとても的確だったよ」などとポジティブなところを指摘しました。

クラスメートも保護者も，運動会のツヨシ君を見て，少し見方を変えたようでした。特にクラスメートの中には，運動会の感想に，ツヨシ君のがんばりを讃える記述も少なからず見られました。担任は，長らく応援団指導にかかわってきて，応援団の組織化と育成に自信をもっていました。そこにツヨシ君が飛び込んできたという幸運な出来事がありました。そこで，ツヨシ君と濃密な時間を過ごすことができました。

みなさんも気になる子とかかわる機会を見つけて，または，時には

適切な行動をつくり出してとことんかかわってみる

のはいかがでしょうか。運動会の後，ツヨシ君がキレなくなったかというとそんなことはありません。ただ，ツヨシ君との絆らしきものはできたと言えるでしょう。

「不適切な行動に注目せず，適切な行動に注目する」という指導は，言葉にするととても簡単ですが，実行するのは難しく感じるかもしれません。しかし，どちらも私たちの認知の癖なので，訓練すればできるようになります。また，不適切な行動に注目しないことはできても，適切な行動に注目するのは難しいと感じる方もいるかもしれません。しかし，それも訓練すればいろいろ見つかることでしょう。

次頁の図のように不適切な行動の周辺には，適切な行動が溢れています。不適切な行動が，日常行動に比べて落ち込んだ行動だとすると，【エピソード５】のように気になる子が，日常行動のちょっと上のレベルでがんばっている場面では見つけやすいですね。なんといっても目立ちますから。しかし，【エピソード６】（p.155）のように不適切な行動が起こる直前や，【エピソード３】（p.137）のような，その直後の回復過程のように，目立たないところにも適切な行動は隠れています。また，【エピソード４】（p.138）のように，日常行動の中で同時に起こっていることもあります。要は，

適切な行動は見つける気にならないと見つからない

ということです。しかし，本書を読み，それを知り，「なるほど！」と納得すれば，見つけようと思えば必ず見つかります。人の行動は，認知と感情の

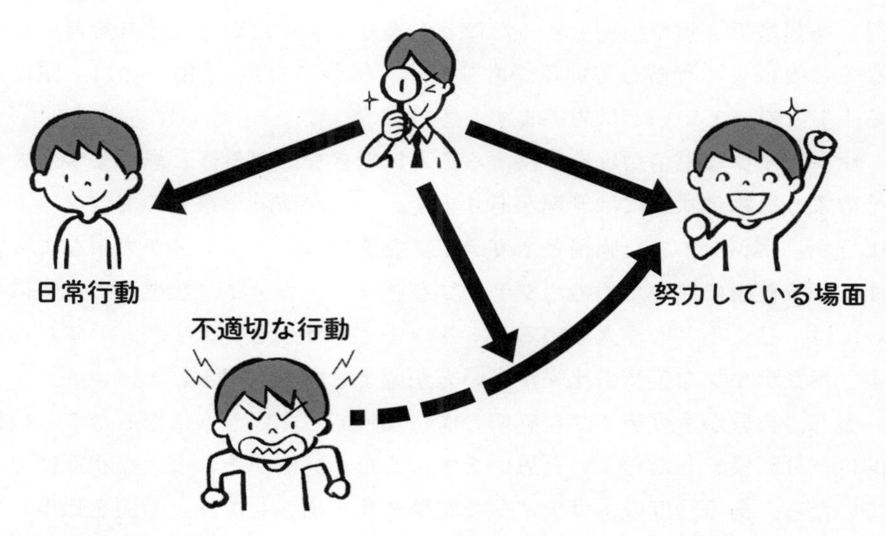

影響を受けるからです。

人の悪いところは誰でも見つけることができます。つまり，訓練されていないアマチュアでもできるわけです。しかし，よいところを見つけるためには多少の覚悟がいるかもしれません。そしてある程度の訓練もいることでしょう。子どもたちの適切な行動を見つけることは，プロの視点をもったプロの営みなのです。職員室で，子どもたちの悪口を言っている時間があったら，その陰に隠された適切な行動を挙げてみたらいかがでしょうか。もし，あなたが子どもたちの行動によって傷ついたのなら，ひとしきり愚痴を言ってもいいとは思いますよ。しかし，愚痴を言いっ放しになっていたとしたらそれはプロの行いとは言い難いですね。

とはいうものの，子どもたちの指導は思った通りにならないことも現実だろうと思います。子どもたちに，心ない言葉を浴びせられたりそのような態度をぶつけられたりすると教師も感情が波立ち，傷つくこともあろうかと思います。だから，多少の口は出てしまうことがあろうかと思います。私もうまく機能していない学級を担任し，子どもたちに人格を否定されるような言葉を投げつけられて傷ついたことが何度もあります。そんなときには，やはり，職員室で文句や愚痴を言ったこともあります。だから，それを言いたくなることはよく理解しているつもりです。傷ついたら，「傷ついた，頭にくる！」と言っていいとは思います。

ポジティブな感情だけを維持することはできないだろうと思います。大体，そのような精神状態には無理があります。いつか破綻を来すのではないでしょうか。ポジティブな感情とネガティブな感情は，バランスが大事なようです。心を健康に保つためのポジティブな感情とネガティブな感情の比率については，３：１という人もいるし，４：１という人もいますが，いずれにせよ，ポジティブな感情の比率が高い方が望ましいようです。

もし，自分がネガティブな感情の虜になってしまいそうになったら，積極的に気分転換をしたらよいと思います。また，同僚がそのような状態になっていたら，ある程度のネガティブな感情を吐き出させた後，話題を転換してあげたらよいと思います。しかし，気分転換は本質的な解決にはならないと思います。「じゃあ，どうする？」と問題解決のための具体策を考えることがポジティブな感情を喚起してくれることでしょう。

以下の頁に示す内容が，問題解決のための具体策を考えるときに役立つかもしれません。

「しかける」勇気づけ

長期的・意図的支援

ここまで述べてきた「不適切な行動に注目せず，適切な行動に注目する」という支援は，どちらかというと，子どもたちの行動が起こったときに教師がどう行動するかという，所謂「待ちの姿勢」の支援だったわけであり，したがって，その場その場の短期的な支援と言えるでしょう。子どもたちの不適切な行動が長期にわたる場合は，それだけでは気になる行動が軽減しない場合もあることでしょう。ここから紹介するのは長期的で，教師から「しかける」支援になります。

岩井俊憲氏は，そうした支援の方法の一つとして，「簡易カウンセリング」を紹介しています*13。岩井氏は「簡易カウンセリング」を長期的で「しかける」支援として位置づけているわけではありません。これはあくまでも私の捉えです。

岩井氏は，「簡易カウンセリング」の特徴を次のように説明します*14。

①来談者中心療法のような，カウンセリングが長期的に及ぶ非指示的なアプローチではなく，短期集中型の指示的カウンセリングである。

②非専門家であっても，基本的な理論と技法を身に付けることで担当できるカウンセリングである。

③治療（症状除去）を目的とするカウンセリングではなく，教育（啓発，育

成）を目的とするカウンセリングである。

④自己完結型でなく，必要に応じて外部の専門家（医師，ケースワーカー，プロのカウンセラーなど）と連携しながら進めるカウンセリングである。

プロのカウンセラー級の力量をおもちの学校の教師もいるとは思いますが，多くは，専門的な訓練を受けていないことでしょう。簡易カウンセリングは，学校における教師から子どもたちへの働きかけとしては比較的長期のかかわりと捉えることができますが，一般的な心理カウンセリングよりは時間がかからないこと，そして，それは教育目的に行われることなどから，学校現場で実践するのにとても適していると指摘できます。また，その処遇を絶対的なものと捉えるのではなく，必要に応じて外部支援を受けることを推奨する点でも，教師のような非専門家が行うカウンセリングとしては実用的だと思います。

近年，不登校やいじめ，気になる行動を最初から専門家の仕事として捉えて，学校職員が積極的にかかわらないという事例を見聞きします。確かに子どもたちの問題は，解決の見通しが立ちにくい場合があります。しかし，教師が子どもたちの問題をそう捉えてしまうのは，解決のための方法を知らないからということも大きいのではないでしょうか。方法がわからなければ，積極的にかかわろうとする意欲が湧いてこないことでしょう。

しかし，わからないからといっていきなり外部にお任せというのも違うのではないでしょうか。学校の教師，特に学級担任がやれることは，教師自身が思っているよりもかなりたくさんあります。まずは，担任として，学校職員としてしっかりその子に向き合い，それでも解決ができない問題は，外部の専門家などの助力を請うというのが本来の教師の姿ではないでしょうか。けっして

教科指導をすることだけが教師の仕事ではない

と思います。子どもたちの心理面のケアをしてこそ，教科指導も効果的に実践できることでしょう。

簡易カウンセリングのステップは下図の通りです。

岩井（2000）より筆者作成

② 関係の樹立

①尊敬

アドラー派のカウンセリングに限らず，カウンセリングにはカウンセラーとクライエントとの間に良好な関係性が必要です。アドラー心理学では，尊敬と信頼を特に重視します。尊敬というと，私たちは相手を上に持ち上げたり，自分がへりくだったりすることで相手を上に見たりする上下関係といったイメージを抱きますが，ここでいう尊敬とは違います。アドラー心理学でいう尊敬とは，対等性に基づく関係です。

アドラー心理学を受け入れることに抵抗感をもつ方は，ここで引っかかることでしょう。教師と子どもが対等になったら，子どもが教師の言うことを聞くはずがないと頑なに思い込んでいる方もいるようです。対等性に基づく関係は，教師の指導性を否定するものではありません。それは，

人として対等である

ということです。教師と児童生徒は人としては対等ですが，役割が違います。だから，指導者としての教師の役割を何ら否定するものではありません。

岩井氏はここのところをとてもわかりやすく説明しています。尊敬とは，「人間関係に『比較』や『差』という競争関係を持ち込まないことである」と言います*15。子どもたちを目の前にしたときに，その子を絶対的な存在として受け入れているでしょうか。教師は，多くの子どもたちを相手にしているだけになかなか難しい場合もあろうかと思います。不適切な行動をする子に向き合ったときに，「他の子はこんなことはしないのに」とか，新しいクラスを担任したときに「前のクラスはちゃんと話が聞けた」とかそうした思いをもってしまうと，それは子どもたちに伝わります。そうなると良好な関係が築けません。良好な関係がないところには，話を聴くことも，助言をすることも成り立たなくなってしまいます。

前年度学級経営がうまくいった先生が，次の年にクラスを荒らしてしまうということがあります。それは，恐らく前年度のクラスの子どもたちを基準にして次の年のクラスを見てしまうことによって，教師と子どもたちの関係性に，比較を持ち込んでしまったためだと考えられます。子どもたちから見れば，「先生は，私たちを見ていない」ということになるでしょう。そうな

れば関係がうまくいかないのは必然ではないでしょうか。

②信頼

次に信頼です。教師は子どもたちにいろいろなことを願ったり求めたりします。しかし，彼らはいつも私たちの期待通りに行動するわけではありませんよね。むしろ，期待に添ってくれないことが多々あろうかと思います。荒れているクラスや不適切な行動を繰り返す子の担任になると，そうしたことが度々起こるので，「裏切られてばかり」のように思ってしまうこともあります。助言したり，約束したりして，それが遂行されなかったとしても，信じ続けることが求められます。

問題解決には時間がかかることがあります。ましてや相手は成長過程の子どもたちです。まっすぐ解決には向かわず，紆余曲折があろうかと思います。そんなときに，一度や二度，うまくいかなかったからといって，諦めていては，適切な行動支援などできるはずがありません。私は，学級崩壊したクラスを担任したときに，教師の仕事は，ギブ＆テイクではなく，つくづく

ギブ＆ギブ

だと痛感させられました。

信頼と信用は違います。信用という言葉は，金融でよく使用されます。担保があるからお金を貸すわけです。つまり，条件つきです。しかし，信頼は無条件です。無条件で相手を信頼するのです。それでも敢えて，条件を付加するならば，

自分の担任する児童生徒だから

くらいで十分ではないでしょうか。

③相互尊敬・相互信頼

教師が，子どもを一方的に尊敬し信頼しても，それだけではカウンセリングは成り立ちません。尊敬し合い信頼し合う，相互尊敬，相互信頼の関係が必要です。大人のカウンセリングの場合は，カウンセラーが態度の調整をすることによって，ある程度はこの関係を成り立たせることができるでしょう。そもそも大人は，カウンセリングを希望して，カウンセリングルームを訪れるのです。最初から「心が開かれた」状態とまで言わなくても，心の扉の鍵はかかっていない状態でカウンセラーのもとを訪れます。

しかし，子どもたちはそうではありません。最初から，教師に相談したいと思っているわけではないし，不適切な行動をする子どもたちは，教師に頑なに心を閉ざしている場合もあります。しかし，だからといって指をくわえていては何も始まりません。だから，まずは

より早く，尊敬し，信頼する

のです。

教師の方から尊敬と信頼の気持ちを向けなければ，子どもたちは心を開いてはくれないでしょう。

ツヨシ君の担任が，ツヨシ君に出会った日に，尊敬の気持ちを伝えたのにはそうした意図があります。ただ，あのタイミングがよかったのかどうかはわかりません。ツヨシ君の不適切な行動に注目せず，適切な行動に注目を続けたのもそういうことです。彼がどんなに感情的になって暴れようとも担任はそこには関心を払いません。それはなぜでしょうか。彼がそこから回復する力をもっていることを信じているからです。何度，彼が暴れようとも，それを信じ続けます。もちろん，担任も心のコンディションが悪い日もありました。だから，内心穏やかではない日も少なからずありました。

しかし同時に，不適切な行動に注目して，叱ってしまったらせっかく築いてきた信頼関係が台無しになることもわかっていました。だから，我慢できたと言えます。

では，相互尊敬と相互信頼は，子どもがどれくらい教師を尊敬し信頼してくれたら成り立つのでしょうか。ここについても岩井氏は，「カウンセラーとクライエントの関係では，八対二くらいのウェートでカウンセラーの方がクライエントよりも大きい」と説明しています*16。これは，物事に対するモチベーションと同じような問題かもしれません。ある物事を成し遂げたいと思っているリーダーがいて，それをメンバーにやってもらおうと思ったら，そのモチベーションはメンバーよりリーダーの方が高いことが求められますよね。リーダー発の事案に対して，リーダーのモチベーション以上にメンバーのそれが高くなるということは少し考えにくいです。したがって，量的にも

より多く，尊敬し，信頼する

くらいの感覚でいいのです。

そこでツヨシ君と担任のかかわりを見ていきましょう。前にもお伝えしましたが，ツヨシ君の前年のクラスは，所謂，学級崩壊の状態になりました。

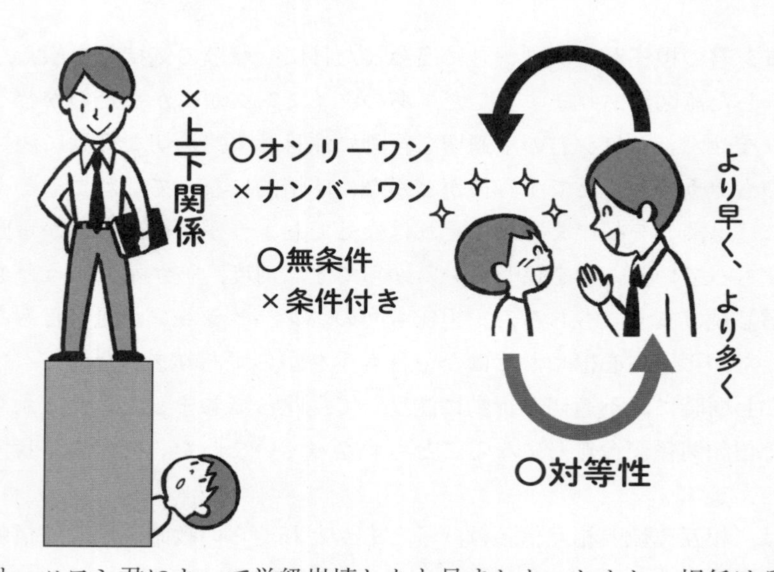

周囲は，ツヨシ君によって学級崩壊したと見ました。しかし，担任はそう考えませんでした。ツヨシ君が学級崩壊の原因だとは捉えませんでした。ただ，彼が学級経営を遂行する上でのキーパーソンだとは見ていました。だから，【エピソード３】に見られるように，担任は，いち早く彼に尊敬と信頼を伝えたかったのです。それ以降の担任のかかわりも基本的に，尊敬と信頼をベースに彼とかかわろうとしてきました。彼の，キレるという不適切な行動に注目せず，彼が楽しそうに学習する姿や応援団として活躍する姿に注目し続けたのもそのためです。

みなさんも自分に置き換えて考えれば理解しやすいと思います。自分のうまくいっていないところにばかりかかわってくる人と，うまくいっているところにかかわってくる人のどちらとつながりたいと思いますか。どちらに，自分への尊敬と信頼を感じますか。答えを聞くまでもありませんね。

3 原則は全ての子に

当たり前のことを書きますが，それでも敢えて書いておかないと誤解を受けることがありますので，述べておきたいことがあります。ここに書いてあることは「気になる子」だけに適用する原則ではありません。全ての子が対象です。ツヨシ君のクラスには他にも多くの気になる子がいました。「子どもを語る会」などと呼ばれる，気になる子どもを共通理解する会はどこの学校でも実施されていると思いますが，このクラスは３分の１ほどが常に挙げられていました。ツヨシ君が，他者からの支援を必要としていたように，その子どもたちも他者からの支援を必要としていました。例えば，下に示す２人の子もそうでした。

Episode 8

運動会（５月下旬から６月上旬）が近づく頃に，友達とのトラブルから不登校傾向を示し始めた子がいました。この子を仮に，ライト君としましょう。ライト君は，トラブルが解決したにもかかわらず不登校傾向を続けました。よくよく話を聴いてみると家庭的にしんどい状況に置かれていました。兄弟が多く，小さな妹のおしめを４年生の彼が替えていました。お父さんは不在がちで，夜勤の多いお母さんとは，平日にはなかなかお話することができなかったようです。家族思いの彼は，それがみんなのためと思って一生懸命にやっていました。そんなある日，友達とのトラブルで学校を休みました。すると，昼くらいに起きてきたお母さんと久しぶりにお話できるではありませんか。しかも，１対１になれたのです。こうした状況がなんとなく見えたときに，「学校に来たくない」のではなく，「お家にいたい」のだと推察しました。

それで，放課後は時間を見つけてその子と一対一で遊びました。もちろん無策でそんな時間が確保できるわけがありません。他の職員に謝ったり，管理職にお願いしたりして，10分から15分の時間を確保するようにしました。彼はしばらくして通常通り登校するようになりました。

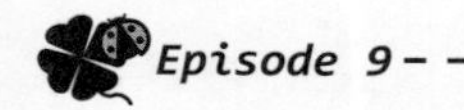

お父さんが亡くなり家族と離れて暮らさなくてはならない女の子もいました。シオンさんとしましょう。シオンさんは，担任に父親を重ねたのか，休み時間にずっとくっついて離れませんでした。他の子が担任に近づくと「ダメ，シオンの！」と大きな声で怒鳴ることもありました。

短い時間を見つけてはシオンさんと一対一の時間をもつことも必要でした。また，廊下で彼女を見つければ，友達といてもまず彼女と視線を合わせ，それから他の子にも声をかけました。こうした「隠れた贔屓」をしながら，勉強などは熱心に取り組む子だったので，授業中にもよくほめました。休み時間は，他の子とも一緒に鬼ごっこなどをして群れて遊びました。群れ遊びの中では，個別のコミュニケーションが可能です。「担任を独占したがる」ところにやや注目しながらも徐々にそこから目をそらし，「担任と他の子と楽しそうに一緒にいる彼女の姿」に注目しました。担任の中に自分の居場所を感じたのか，他の子がくっついてきても怒るようなことはなくなりました。

ケアが必要なのはこの子たちだけではありません。教室では，男子が殴り合うようなケンカが毎日のようにありました。また，低学年から続く特定の子に対するいじめもありました。ツヨシ君とのつながりはそうした中で築かれていったものです。

「不適切な行動に注目せず，適切な行動に注目する」そして，「尊敬と信頼でつながる」といったアドラー心理学による学びがなければ，担任はそれこそ「潰れて」いたことでしょう。なぜならば，目に飛び込んでくるのは不適切な行動ばかりだからです。学級崩壊とはそういう状態のことをいうのではないでしょうか。

不適切な行動と適切な行動は同じところで起きているのです。不適切な行動も適切な行動もする子どもたちですが，そのどちらに注目し，支配や権力などで組み伏せるか，尊敬と信頼でつながるかは，

同じ場所で

起きている

教師の決意次第

です。

【注】

＊13　岩井俊憲『アドラー心理学によるカウンセリング・マインドの育て方　人はだれに心をひらくのか』コスモス・ライブラリー，2000

＊14　前掲＊13

＊15　前掲＊13

＊16　前掲＊13

教師と子どもの認識のズレを埋める

 目標の一致

カウンセリングルームで行うカウンセリングと，教室で担任が行うカウンセリングが決定的に異なることがあります。それは，

教師と子どもの認識がズレている

ことです。カウンセリングルームを訪れるクライエントは，自分の問題を解決したいと思っていて，自らカウンセリングルームを訪れます。だから，カウンセラーのことを信頼しやすい状況にあります。ただ，なかには，家族等に説得されてしぶしぶ訪れる方もいますから，全てのクライエントが積極的かというとそうでもないでしょう。ただ，教室におけるクライエント（子どもたち）のほとんどは，自分の問題に

困っていても，解決したいと思っていない

場合が圧倒的多数だと思われます。むしろ困っているのは，教師だったりするわけです。このような状態だと，問題解決の主役が逆転してしまうことがあります。

したがって，教師と子どものカウンセリング的な関係は，目標の一致を丁寧にしっかりとすることが大事です。教師と子どもの問題意識をすり合わせるのです。ツヨシ君は，自分の問題には困っているようでした。しかし，解決したいと思っているかどうかは未知数でした。では，ツヨシ君の事例で，「目標の一致」をどのように進めるか見てみたいと思います。

Episode 10

ある日の帰りの会で，ツヨシ君は，ケンイチ君の頭をポカリと叩きました。ケンイチ君は泣いてしまいました。一方のツヨシ君はいつものように興奮していました。担任は，ケンイチ君の様子を見てから少し待つように言いました。そして，他の子を帰し，ツヨシ君を廊下に連れ出し，少し興奮が収まってから事情を聞きました（①）。

「何があったの？」（②）と聞くとツヨシ君は，「あいつ（ケンイチ君）が悪口を言った」と言います。二人でケンイチ君のところに行き，「そうなの？」と確かめると，彼は認めました。ケンイチ君は素直に謝りました。担任が「ツヨシ君も言うことがあるだろ？」と言うと，「叩いてごめんね」と言いました。ケンイチ君はそれで納得したのか，表情が和らいだので，彼をお家に帰しました。

「ツヨシ君，ちょっと話してもいい？」と担任が聞くと，仏頂面をしながら「何？」と尋ね返しました。担任とツヨシ君の会話です。

担　任「ちょっと気になっているんだけど聞いていい？」

ツヨシ「いいよ。」

担　任「ツヨシ君，たまに今日みたいに友達を叩いたりしちゃうけど，それ，やりたくてやってるんじゃないよね？」（③）

ツヨシ「うん。」

担　任「だよね。じゃあ，もし，これからもそうやっていたらどうなると思う？」（④）

ツヨシ君は，一瞬驚いたような表情をしました。答えがイメージできないようだったのでさらに言いました。

担　任「嫌なこと言われる，怒る，殴る，相手を泣かせる，そしてまた，嫌なこと言われる，怒る，殴る，相手を泣かせる，それをみんな見ています。そういう日が続きます。みんなはどう思う？　みんなは君のことを好きでいるかな？　口で言い返すこともできるわけでしょ？」（⑤）

ツヨシ「みんなに嫌われる……。」

担　任「なんだ，わかっていたんだ。それってさ，ツヨシ君の望んでいることなの？」

ツヨシ君は首を振りました。

担　任「ツヨシ君は，どうなりたいの？（⑥）　みんなと仲良くしたいとは思っているの？　それとも嫌われ者でもいいから，『自分を怒らせるヤツは許さねえ』みたいな感じでこの先もいくわけ？（笑）（⑦）」

ツヨシ君は，少しニヤリとして言いました。

ツヨシ「いや，仲良くしたい。」

担　任「そっか，よかった，先生もその方がいいなと思っているよ。どうだい，ツヨシ君，友達と仲良くなれるようにちょっと挑戦してみる？」

ツヨシ「え？」

担　任「挑戦してみる？」

ツヨシ君はコクリと頷きました。担任はツヨシ君とカウンセリング的関係を結ぶことができました。

---

② 目標一致のコツ

担任は，ケンイチ君とのトラブルをきっかけにしてツヨシ君と問題解決のための目標の一致に踏み出しました。事情を明らかにするときも，担任の「不適切な行動に注目せず，適切な行動に注目する」「尊敬と信頼でつながる」等の原則は貫かれています。

①では，ツヨシ君を興奮した状態で周囲の視線の中に置かない配慮をしています。つまり，「不適切な行動に注目させない」です。②からは，彼が落ち着いた状態に注目していることがわかります。また，「何があったの？」と尋ねることで，信頼と尊敬を示します。どうしてそれが，信頼と尊敬かと思われる方もいるでしょう。信頼関係のある人が相手なら別ですが，信頼関係がよくできていない人に「どうして？」と聞かれたらみなさんはどういう感情が湧きますか。ケンイチ君を殴ったのは「どうして？」と聞きたくなるところですが，興奮が冷めつつあるとはいえ，まだ冷静さを回復していない状況で，「どうして？」と問うと，彼に担任が「怒っている」「自分を責めている」というメッセージを与えかねません。

そのかわりに，「何があったの？」と聞くことで，「先生は，あなたの話を聴きたいんだよ」というメッセージを伝えています。本当にそのメッセージが伝わったかどうかは彼に聞いてみないとわかりませんが，彼が素直に理由を話したということは，いくらかの効果があったのかもしれません。③も同様です。ここでは，ツヨシ君が友達を叩きたくて叩いたのではないという解

釈を伝えることで尊敬と信頼を伝えています。尊敬や信頼を伝えることで，

信頼関係をさらに強め，同時に不信感をかってしまうことのリスクを下げる

ことが期待できます。

目標の一致をするときに効果的なのが④です。これは，「結末の予測」を促す質問です。アドラー心理学的なカウンセリングでは，よく用いられます。クライエントがその行いを続けているとどうなるかを考えてもらいます。それをしてはいけない，した方がいいと言われるよりも，クライエント自身が，その行動のメリットやデメリットを考えるので，問題解決に対してより主体的になるようです。「友達の悪口を言っているとどうなると思う？」とか，「授業中におしゃべりを続けているとどうなるかなぁ」などと尋ねます。

かなり有効ですが，相手と良好な関係性があるときだけにしてください。関係ができていないときに，「それをしたらどうなる？」と尋ねられると，しばしば，相手は「挑発」や「突き放し」のように感じてしまうことがあります。これでは全くの逆効果です。また，「タバコを吸い続けるとどうなると思う？」といった場合は，相手はタバコが健康を害することは百も承知です。こういうときは，相手が余程知らないような新しい知識に触れない限り，行動の修正にはつながらないでしょう。ツヨシ君は，衝動的に暴れていたので，暴れ続けた結果などはあまり考えたことがなかったから有効だったと思われます。

しかし，問われていることの意味がわからないときは，⑤のように考える道筋を具体的に示した方が答えやすくなるでしょう。イメージはできるだけありありと伝えます。何かを説明するときは絵や図を示した方がわかりやすいですよね。それと同じです。子どもにイメージをもたせるように伝えると効果的です。

また，こうした話をするときは子どもを追いつめないようにすることです。

たまに教育的指導に怖さを持ち込みたくなる人がいますが，逆効果です。むしろあたたかさが必要です。あたたかさを表現するときは，⑦のようなユーモアは効果的です。

教育は子どもたちにチャレンジをしてもらうこと

によって成り立ちます。冷たさや怖さは，そのチャレンジの意欲を削いでしまいます。これは，商談のようなものです。相手は，その商品を買いたいと思っているわけではありません。そんな相手に，商品を買ってもらおうというわけです。それを買ったら，それを身につけたら，それを受けたら，あなたにこんないいことがあるのですと，おすすめをしていく感覚です。

こんな回り道をしなくても⑥をズバリと聞けばいいのでは，と思う方もいるかもしれません。しかし，子どもの本当の思いを引き出せなくては意味がないのです。だから，少し丁寧なやりとりをしながら，目標を設定し，それを共有します。

今の行動に代わる，
より適切な行動を探す

課題の分離

引き続き，ツヨシ君とのカウンセリングです。ツヨシ君と，担任の目標が一致しました。目指す峰は同じことが確認できました。ツヨシ君は，みんなと仲良くしたいと思っているし，担任もそれを望んでいます。ならば，さっそく解決策の検討に入りたいところですが，もう一つここで大事な確認作業があります。それが，「課題の分離」です。では，実際のやりとりで考えてみたいと思います。

Episode 11

担　任「ところでツヨシ君さ，ツヨシ君がみんなと仲良くなれたときに一番嬉しいのは誰かな？」

ツヨシ君はポカンとしました。そりゃそうです。こんなことを聞かれたのは初めてだったことでしょう。何を答えていいか戸惑っていたようなので補足しました。

担　任「変なこと聞いてごめん。ツヨシ君は，みんなと仲良くなりたいわけでしょ。それができたら，一番喜ぶのは誰かなって聞いたの。」

ツヨシ「え？　俺かな？」

担　任「だよね。じゃあさ，もし，みんなと仲良くなれなかったときに，一

番，困ったり残念だったりするのは誰かな？」

ツヨシ「……俺？」

担　任「そうだよね。何が言いたいかっていうと，つまり，このことは，うまくいったら先生も嬉しいし，うまくいかなかったら先生も残念だけど，一番嬉しくって，一番残念な思いをするのはツヨシ君ってこと。わかるよね。」

ツヨシ君は，頷きました。

担　任「だから，ツヨシ君がみんなと仲良くなるためにがんばるなら，先生も本気で応援するよ。でも，ツヨシ君が諦めたら，先生がどんなにがんばってもツヨシ君はみんなと仲良くなれない。わかるよね。」

ツヨシ君は，深く頷きました。

担任は課題の分離によって，ツヨシ君がこの課題の主役であることを確認しました。この課題で，最も喜ぶ人は誰か，最も困る人が誰かを問うことで，自分が課題解決の主体者であり，当事者であることを自覚してもらいます。

子ども思いで指導力があると思っている教師ほど，子どもの課題を自分で背負ってしまいがちです。「何でも先生に相談してごらん」「先生に任せておけば大丈夫だから」と力強く子どもたちに言ってあげたいところですが，それをしてしまうと，子どもは自分が課題解決の当事者でありながら，課題解決の意欲を失ってしまうことでしょう。

子ども思いで指導力があることはすばらしいことですが，最も大事なことは，子どもの課題は子ども自身が解決することです。もともと，ツヨシ君の友人関係の話は，ツヨシ君の課題なのですが，現状では解決に向かいません。ツヨシ君が自分の問題を解決したいと思っているかもわからないし，ツヨシ君が解決方法をもっているかどうかもわからないからです。

そこで，担任は，目標の一致を図って，ツヨシ君との共同の課題を設定しました。教室におけるカウンセリングは，相手がカウンセリングのニーズをもっていないことがあると前に述べました。そこで，まずは，課題を共有することで，カウンセリングをスタートさせたのです。しかし，共同の課題のままだと，ツヨシ君の積極的な解決のための行動を引き出せません。そこで，敢えて，課題の分離をしたのです。

② 代替案の検討

簡易カウンセリングのステップでは，ここで，「結末の予測」をします。クライエントが，「今の行為をこのまま続けるとどうなるのか」を問いかけ，行為の結果に起こることを予測してもらいます。すると，大抵の場合は，クライエントにとって不利益が生じることがわかります。それが，今の行動に代わる，より適切な行動プラン（代替案）を考えてもらう契機となります。

しかし，ツヨシ君の場合は，彼自身にカウンセリングのニーズがありませんでしたから，先に「結末の予測」をもってきて，課題意識の共有をしました。それが，【エピソード10】です。

その部分を再掲します。

担　任「だよね。じゃあ，もし，これからもそうやっていたらどうなると思う？」

ツヨシ君は，一瞬驚いたような表情をしました。答えがイメージできないようだったのでさらに言いました。

担　任「嫌なこと言われる，怒る，殴る，相手を泣かせる，そしてまた，嫌なこと言われる，怒る，殴る，相手を泣かせる，それをみんな見ています。そういう日が続きます。みんなはどう思う？　みんなは君のことを好きでいるかな？　口で言い返すこともできるわけでしょ？」

ツヨシ「みんなに嫌われる……。」

このようにツヨシ君は，自分の行為の結末を予測し，自分にとって望ましくないことが起こることを理解しました。それによってツヨシ君の中に，カウンセリングのニーズが芽生えたわけです。

結末の予測を交えながら目標の一致をし，課題の分離を確認した後，次にすることは「代替案の模索」です。

Episode 12

担　任「今日はケンイチ君に何か言われて，怒って，叩いちゃったわけだけど，友達を叩かないようにするにはどうしたらいいかな？」

ツヨシ「う～んと，怒らなきゃいい。」

担　任「じゃあ，怒らないようにするにはどうしたらいいの？」

ツヨシ「う～ん……。」

ツヨシ君は，うなったまま黙ってしまいました。アイディアがなさそうでした。そこで，担任から提案しました。

担　任「ツヨシ君，怒らないのは難しいね。だったらさ，怒ってもいいから手を出さないようにしたらいいんじゃないの？」

ツヨシ「そんなことできるの？」

担　任「できるかどうかは，やってみないとね。じゃあ，聞くよ。ツヨシ君はさ，頭にきたときや怒りたくなるときは，何か，身体の変化があるの？　なんか，頭が熱くなるとか，胸の辺りがムカムカするとか。」

ツヨシ君は，しばらく天井を見上げ考えました。そして，胸の辺りで手を回しながら，言いました。

ツヨシ「ここら辺が，ムカムカする。」

担　任「そっか，胸の辺りがムカムカするのね。じゃあ，それを『ムカムカレベル』って名前つけようか。0レベ（レベル）が，全く怒っていないときで，10レベが，超ド級怒っているときとするとさ，何レベくらいのときに手が出ちゃうの？」

ツヨシ「多分，4レベかな。」

担　任「そっか，4レベか。割と，早めに手が出ちゃうね。（笑）ちなみに，今日は何レベだったの？」

笑いを交えながら進めました。ツヨシ君は，ここは即答しました。

ツヨシ「7レベ！」

担　任「確かに，4レベを超えていたね。（笑）」

ツヨシ君も笑いました。

担　任「ムカムカレベルが，グググッと上がりそうになってきたときに下げることができたら，友達を叩かなくて済みそうだね。」

ツヨシ「どうすんの？」

担　任「そういうのって，リラックスするといいらしいよ。リラックスするときはどうしたらいいかわかる？」

ツヨシ「わかんない。深呼吸とか？」

担　任「それいいね。それでいこう。この前，読んだ本にね，吸うのに3秒，吐くのに12秒がいいって書いてあったよ。やってみようか。」

担任は，ツヨシ君の肩に手を当て，「はい，吸って」と言いながら肩をゆっくりぽん，ぽん，ぽんと叩きました。次に，「はい，吐いて～」と言いながら，今度は12回肩をゆっくり叩きました。

ツヨシ「これならやれそうだ。先生，サンキュー。」

言い終わるや否やランドセルを肩にかけて帰りました。

---

③「あたたかい時間」を創る

担任は，ここでツヨシ君に，今やっている行動に代わる，より適切な行為，つまり，代替案の検討をツヨシ君とともにやろうとしています。ツヨシ君は，ストレスを受ける，感情的になる，暴れる，という行動を繰り返していました。ここで変更可能なものはどこかを考えます。ストレスを受けることは避けられないでしょう。もちろん，彼のストレスを軽減する環境をつくることは，授業設計の問題であり，学級経営の問題です。

しかし，彼をストレスフリーの状態にすることなど不可能です。また，ストレスフリーの状態が彼の成長にプラスに資するとは思えません。人は常に何らかのストレスに囲まれて生きています。無菌状態にすることは，彼にとってけっしてよいことではないのではないでしょうか。したがって，怒ることをやめさせることもできません。感情のコントロールは，そう簡単ではありません。そうすると，ストレスを受けて怒ることは仕方ないとしても，感情的になることと怒ることの隙間に，入り込む余地がありそうです。

担任は，その隙間に入り込むために，スケーリングという手法をアレンジしてアプローチしました。スケーリングとは，前に紹介したソリューション・フォーカストアプローチで用いられるカウンセリングテクニックで，「問題解決の状況を数値化することで，状況を整理し，解決への道筋を明らかにする手法」です*17。本来のスケーリングは，一番いいときの状態を10点として，最悪の状態を0点としたときに，今，何点であるか等を問います。

例えば，5点だとクライエントが言ったら，その5点分は，どうして獲得できているかを考えてもらいます。まず，こうして，できているところに注目するわけです。それを前提にして，その点数を上げるためには何ができるかを考えてもらいます。

担任は，形のない曖昧なものであるツヨシ君の感情を，スケーリングの手

法で共通の話題にし易くしようとしました。見えないもの，形のないものに目盛りをつけることで，「見える化」を図ったわけです。実際には見えないわけですが，「なんだかわけのわからないもやもやしたもの」から，対応可能なものにはなったのではないでしょうか。

ツヨシ君は，担任と名づけたところの「ムカムカレベルの４」までは，「暴れない力」をもっているわけです。怒ってしまうことは仕方ない，しかし，ある程度の暴れない力をもっていることを本人は自覚できたわけです。戦う相手が見えたので，今度は対応を考えます。ムカムカレベルを抑える方法です。

ツヨシ君は，担任の提案で深呼吸を選びました。実は担任は，感情的になる衝動を抑える対処として，深呼吸が妥当であるかどうかは確信がありませんでした。リラクゼーションやアンガーマネジメントを特に勉強したわけではありませんから。ただ，「興奮したときは深呼吸がいい」くらいの認識です。アンガーマネジメントの専門家なら，「６秒我慢」などと助言ができたかもしれません。ただ，「３秒吸って12秒で吐く」というのは，肺活量が少なく興奮時の子どもにとっては，妥当な隙間の時間になったかもしれません。実際には，15秒もかけて呼吸することは難しいですから。あくまで結果論です。

ここで担任が最も大事にしたのは，ツヨシ君との

１対１のあたたかな時間の創出

です。感情的になって友達を叩いてしまったことは残念なことですが，しかし，こうしてツヨシ君が感情的になって暴れてしまうことに対して何らかのかかわりをもつことが可能となりました。これまでは，場面を教育的にスルーするという主体的ではありますが，消極的な対応でした。しかし，簡易カウンセリングによって，積極的にかかわることができたわけです。

キレたときにかかわっているわけだから，それは不適切な行動への注目で

はないかと指摘されるかもしれませんね。しかし，よくお読みいただければわかるように，キレた場面はスルーしています。キレた場面ではなく，キレた状態から回復して落ち着いた場面にかかわっているわけです。ちょうどそれは，子どもが転んで泣いたときに「大丈夫？　痛いの？」と抱き上げるのではなく，自力で起き上がり泣きやんだときに，「がんばったね」と声をかけるようなものです。

不適切な行動をする子どもたちは，不適切な行動をすると，注意される，叱られる，怒鳴られる，呆れられる，そして終いには諦められるという「冷たい」対応を受けてきているように思います。しかし，アドラー心理学ではそうした対応で，人はよい行動をするとは考えません。

人がよい行動をするときは，よい感情を味わったとき

と考えています。ツヨシ君に必要なのは，「冷たさ」ではありません。「あたたかさ」です。あたたかい対応しか，彼の居場所をつくることはできないのです。

簡易カウンセリングのステップはここで終わりのように思われるかもしれませんが，ツヨシ君とのかかわりはスタートラインに立ったばかりです。本当のかかわりはここからということになります。ただ，これまでは，陸上競技や水泳競技で言えば，ツヨシ君は招集所にも入ってくれなかったわけです。これまでのかかわりの中でやっと招集所に入ってくれました。いや，正確には，入れてもらえたのは担任ですね。

【注】
＊17　前掲＊7

勇気づけのテクニック

 勇気づけの実際

ツヨシ君の支援はここからが本番です。教師が本当に関心を向けなければならないのは，彼のチャレンジであり，彼とカウンセリングをすることではありません。日常的に，

子どもたちのそばにいられること，それが最大の教師の強み

です。では，どのように子どもたちの取り組みを見守り，勇気づけをしていくかを実際のエピソードを通して考えていきましょう。

Episode 13

それからツヨシ君がキレなくなったかというと，そんなことはありません。やはりトラブルになると暴れていました。そんなときは，少し落ち着いてから「深呼吸ね」と小さな声で言いました。彼は顔を上気させながらも，深呼吸をしていました。担任は，そんなときは笑顔で「そうそう，その調子」と声をかけました。

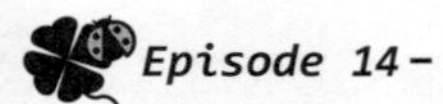

Episode 14

また，あるときは例のプリンジャンケンで負けたときに，「くっそ～」と怒り声を上げました。ただ，ジャンケンに従い不満タラタラではありましたが，席に着きました。給食が終わる頃には落ち着いていたので，担任は，「今日は，ジャンケンのルール守ったじゃん，深呼吸したの？」と聞くと，「あ！」と声を上げ，しまったという顔をしました。しかし，担任は，その表情を見て，「しまった」と思ったということは意識していたと判断しました。それで，「わかっては，いたんだね，さすが。意識していたのが嬉しいな」と声をかけました。

Episode 15

また，あるとき休憩時間の終わりに担任が職員室から戻ると，教室でツヨシ君が地団駄を踏んで悔しがっていました。しかし，暴れてはいませんでした。椅子も投げなかったし，机もなぎ倒しませんでした。彼は肩でハアハアと息をしていました。それは，興奮しているようにも見えましたが，深呼吸をしているようにも見えました。私は，授業の後で，「さっきの深呼吸だろ，やったね」と笑顔を向けました。彼は「そうかなぁ」という表情をしていましたが，笑顔でした。

Episode 16

一見順調そうに見えるツヨシ君の様子ですが，現実は，そうドラマチックには展開しません。ある日の昼休み，友達とケンカして大暴れしたときがありました。事後処理が終わって，彼が少し落ち着いてから「今日は深呼吸できたかい」と担任が尋ねると，彼は，「もう，ムリ，できねーし！」と吐き捨てるように言いました。

担任の声かけが「今日は深呼吸，やっていないじゃないか」というような注意に聞こえたのかもしれません。担任は，もう少し落ち着くのを待って言いました。「がんばったんだよね。大丈夫だよ，ツヨシ君なら。信じている」と笑顔で声をかけました。少しツヨシ君は，落ち着いた表情になりました。

【エピソード13】～【エピソード16】の働きかけがなぜ勇気づけになるのかを解説する前に勇気づけについて少し整理しておきたいと思います。アドラー心理学の特徴の一つに，重要な概念がアドラー自身の言葉で明確に定義されていないことが指摘されています。しかし，この曖昧さこそが後世の研究者や実践者の創造性をかき立てることができる要因になっていると私は捉えています。

勇気づけもその一つです。そもそもエンカレッジメント（encouragement）という英語を翻訳しているわけですが，これをうまく和訳できていないのです。仕方なく勇気づけという言葉を当てはめているわけです*[18]。前出の岩井氏は，アドラー派の研究者たちの勇気づけに関する言説を調べた上で，「数ある勇気づけの定義のなかで，私の判断では一番説得力がありそう」と紹介しているのが，ドン・C・ディンクマイヤーの次の言葉です*[19]。

「勇気づけとは，自己尊重（自尊心）と自己信頼を築くのを支援するために個人の持ち味と潜在能力に焦点を当てるプロセスであり，勇気と信頼を確立するのに欠かせない技術を通用することで現実化する理論である。」

この定義に則れば，勇気づけは考え方（理論）であり，技術（プロセス）です。だから，単純に「やり方」と捉えない方がいいです。やり方（方法）とともにそれを支えるあり方（考え方）に支えられた営みであると言えます。しかし，実践されるみなさんにとっては，まず「どうやるのか」を明らかにしないと，「どうあればいいのか」というところは理解しづらいと思いますので，まずは，技術論としての勇気づけについて述べたいと思います。

② テクニックとしての勇気づけ

野田俊作氏は，勇気づけのテクニックとして次の10点を挙げています*20。

①貢献や協力に注目する
②過程を重視する
③既に達成できている成果を指摘する
④失敗をも受け入れる
⑤個人の成長を重視する
⑥相手に判断を委ねる
⑦肯定的な表現を使う
⑧「私メッセージ」を使う
⑨「意見言葉」を使う
⑩感謝し共感する

では，【エピソード13】～【エピソード16】を例にして，当てはまるものを中心に解説してみましょう。

これらの働きかけを見ればわかるように，担任は，ツヨシ君にキレなくなることを求めてはいません。怒りを抑えることなんて望んでいないのです。担任が望んでいたことは，ツヨシ君が自分の怒りに向き合おうとすることです。だから，暴れなかったことが大事なのではなく，暴れようとしなかったことが大事なのです。暴れたら暴れたでいいのです。担任が注目していたのは，

取り組もうとしたか

です。これは，「②過程を重視する」に当てはまります。取り組もうとした

ことも過程です。行為は，まず，やろうと思うことから始まり，実際の行為があり，そして，行為の結果が起こります。アドラー心理学では，行為の結果よりもその過程を重視します。だから，テストで何点とったかではなく，「どのようにそれに取り組んだか」そして「それをやろうとしたか」に注目します。

【エピソード15】では，担任は，ツヨシ君のわずかな取り組みの痕跡を見つけてそれを指摘しています。しかし，実際に深呼吸を意識していたかどうかはわかりません。ただ，興奮してハアハアしていただけかもしれません。ただ，トラブル時に落ち着いていたわけではありませんが，明らかに，以前とは異なっているように見えました。わずかな変化や成長を見逃さないようにします。

達成できたところだけを見る

ようにしています。

これは，「③既に達成できている成果を指摘する」と「⑤個人の成長を重視する」に当たります。それがごくわずかなものでも，できていたら見つけ出して知らせます。また，ほんの少しでも伸びていたら，それも見つけ出して知らせます。この事例の場合は，上記のように深呼吸ではなく，大きな呼吸だったかもしれません，つまり，「事実誤認」の可能性があります。しかし，それでもいいのではないでしょうか。ツヨシ君には，担任が自分を肯定的に見ている，少なくとも否定的に見ていないということは伝わります。

フィードバックは，事実に基づいている方がいいでしょうが，日常生活におけるフィードバックは主観で為されます。だったら，正確を期して，相手の勇気を挫くくらいなら，時には，

肯定的な誤解も必要

ではないでしょうか。

【エピソード14】では,「今日は,ジャンケンのルール守ったじゃん」「わかっては,いたんだね,さすが。意識していたのが嬉しいな」などと声をかけています。これは,「①貢献や協力に注目する」「③既に達成できている成果を指摘する」及び「⑤個人の成長を重視する」,そして「⑧『私メッセージ』を使う」に当てはまるでしょう。

ジャンケンのルールを守るということは,ルール遵守ですから,集団への貢献であり,協力です。「普通のクラス」を担任していると,こうしたことは当たり前すぎて,あまりこのことの大切さに気づきませんが,ツヨシ君のような子がいるおかげで,普通の価値が再認識できます。公共生活の取り決め事項を守ったわけですから大いに認められるべきことです。それにツヨシ君は,以前はジャンケンの結果を無視していたわけですから,大きな成長です。

また,担任の「わかっては,いたんだね,さすが。意識していたのが嬉しいな」という言葉は,「私メッセージ」になっています。「私は,嬉しい」のです。これは,

相手に何か伝えるときに自分を主語にすることによって効果的にメッセージを伝える

方法として広く知られている手法です。ポジティブな場合はあまりその効果が理解されないことがありますが,ネガティブなことを伝えたいときなどはとても効果的です。

相手が好ましくないことをしたときに「それはダメだよ」「それはいけないことだよ」と言ったらどうでしょう。言われた相手はどんな気持ちがするでしょうか。場合によっては叱られた気がして,メッセージを素直に受け入れないかもしれません。しかし,「私は,それは,賛成できないな」とか「私は,あなたがそれをするのは嫌だな」と言われたらどうでしょう。少し,

それをやってはダメ

私は、それをしてほしくないな

※片方の台詞を隠して，受け取り方の違いを感じてみてください

行動を考え直そうという気になるのではないでしょうか。

「⑧『私メッセージ』を使う」と「⑨『意見言葉』を使う」は，少し区別をつけにくいかもしません。前者は，「私はこう思う」とか「私はこう感じる」などの使い方をします。自分の思いや感情を伝えるときでしょうか。「嬉しいな」とか「ありがとう」は，「私メッセージ」になります。それに対して，後者は，

自分の言いたいことを断定的な言い方ではなく一個人の意見として伝える

ときに使います。

よく話し合いでは，「私は，～に賛成です」「私は，～に反対です」などと言いますが，これは意見言葉を使うことによって，相手に与える印象を和らげるクッション機能を果たしていると思われます。ある意見に対して，「それは，すばらしい」という意見が出ると，賛成派にとっては嬉しいメッセージになりますが，反対派にとっては，あまり嬉しくないメッセージになりま

す。そこで，これは私の一個人の意見ですよという意味合いを込めることによって，インパクトを弱めることができます。競合的な話し合いの場合は，あえて「それはいい」「それはダメだ」だと断定的に言い合うわけです。

しかし，協力的な話し合いの場合は，そうしたものの言い方は避けた方がいいでしょう。特に，話し合い慣れしていない人たちにとっては，「反対です」と言われるだけでも，心萎えてしまうことがあります。子どもたちの中には話し合いの経験不足からか，「反対です」と言われると，全て否定された気になって意気消沈してしまう子もいます。だから，私は，「私は，～が心配です」というように言わせていました。つまり，「私メッセージ」です。「意見言葉」よりも「私メッセージ」の方が，より主観的になるようです。

よりデリケートな場面の場合には，「意見言葉」よりも「私メッセージ」を使った方が安全

でしょう。

【エピソード16】では，担任は勇気づけに失敗しているところがあります。それは「⑩感謝し共感する」ができていなかったことです。担任が「今日は深呼吸できたかい」と声をかけたときには恐らく彼は，気持ちの整理ができていなかったと思います。ひょっとしたら，キレて暴れてしまったことに対する罪悪感もあったかもしれません。まずはもう少し待つか，「大丈夫かい。何があったの？」などと彼の不安に共感を示す必要があったと思います。

それにもかかわらずいきなり「今日は深呼吸できたかい？」などと声をかけられるのは，成果確認のようで，ツヨシ君にとってみたら，注意されたように思ったかもしれません。ツヨシ君との信頼関係ができていると思い，そこに胡座をかいてしまったのでしょう。そこで担任は軌道修正して，「④失敗をも受け入れる」ことをします。キレないようにがんばったからこそ，また，落ち着こうという意識があったからこそ「もう，ムリ，できねーし！」の言葉に至ったのだという立場に立ち，彼の努力を認め，信頼を伝えました。

子どもが失敗したときは，まず受け入れます。そのときには，【エピソード16】のように共感することが大事だと思います。失敗して悔しい気持ち，残念な気持ち，不安な気持ちをまず受け入れ，それから次のアクションを起こすようにしたいものです。

本節では，「⑥相手に判断を委ねる」について触れませんでしたが，これはみなさんけっこうやっているのではないでしょうか。子どもたちの相談にのっているときに，「○○さんは，どうしたいの？」などと問いかけることはないでしょうか。高学年の女子が，誰々に睨まれたなんて言ってきたときに，「心配だね」と共感した後に，「○○さんはどうしたいの？」と尋ねたりします。また，子どもたちが作品を見せに来たときは，いきなりほめたり，指導したりするのではなく，「おお，進んだね。○○さんは，どこを一番がんばったの？」などと問いかけて，そこを認めたり，助言したりします。

勇気づけとは，相手の長所や能力に注目し，相手の自尊心を育てる作業です。個々で紹介したテクニックに縛られることなく，いろいろチャレンジしてみてください。

勇気づけは「あるもの探し」探検

【注】
＊18　前掲＊５
＊19　前掲＊５
＊20　野田俊作『アドラー心理学を語る４　勇気づけの方法』創元社，2017

支援者はどこに

不適切な行動は「仕組まれている」

不適切な行動は単独で起こっているわけではありません。教室の人間関係は，全て時計の歯車のようにどこかでつながり連動するシステムになっています。ここまでツヨシ君の不適切な行動にどう対応するかという文脈で話をしてきましたが，クラスにはその他の子どもたちもいます。特にツヨシ君のクラスは，前の学年で学級崩壊の状態になったクラスです。他にも気になる子が大勢います。こうしたクラスでは，不適切な行動は単独で起こっているのではなく，しかけの一部として，起こるべくして起こっているわけです。

ツヨシ君がキレるときにはあるパターンがあります。それは，「あっち行け」などの拒否的行動に強く反応することです。大抵ツヨシ君が，大立ち回りを演じるときのきっかけは，こうした言動を誰かがしている場合が多かったです。

このように物事を引き起こすきっかけとなることを「トリガー」と呼びます。トリガーとはご存知，銃の引き金のことをいいます。ツヨシ君のクラスメートは，このトリガーをよく心得ていて，意図的にトリガーをする子どもたちがいたようです。つまり，不適切な行動をしているのはツヨシ君だけではないということです。

周囲の子もツヨシ君の不適切な行動の引き出し役を担っていたわけです。

したがってツヨシ君だけを指導することは，その指導は的外れとまでは言いませんが，かなり偏っていて，ツヨシ君に過剰な負担を強いていることになります。

これまでのエピソードは，ツヨシ君へのかかわりを中心に記述してきましたが，これは学級経営の中の話ですから，ツヨシ君へのかかわり（三次支援）と全体へのかかわり（一次支援）を同時進行で行います。ちなみに，三次支援をしていたのは，ツヨシ君だけではありません。この他にもかなりサポートの必要な子どもたちがいましたので，彼らへのサポートも同時進行です。当然，一次支援と三次支援の中間層の子どもたち，つまり，二次支援の子どもたちもいますので，そこへのアプローチもしていることを前提としています。

話は，【エピソード１】（p.45）に戻ります。ツヨシ君が乱闘を繰り広げた後の話です。当然，ここではこれまでのエピソードに示されたツヨシ君との信頼関係の構築や簡易カウンセリングは，これよりまだ後の話です。

Episode 17

粉々になったゴミ箱を子どもたちに片付けてもらい，椅子，机を元通りにしました。ツヨシ君は仏頂面をしたまま，着席せず，教室後方で泣いて寝そべっていました。それでは話にならないので，他の子どもたちに問いました。

担　任「片付けをしてくれたみなさん，ありがとう。ところで，先生，その場を見ていなかったから教えてほしいんだけど，何があったの？」

すると，男子が口を開きました。

男子Ａ「読書やめる時間になったのに，ツヨシ君はやめませんでした。」

男子Ｂ「それで，日直のＣ君が，本を取ったら暴れ出した。」

担　任「へえ，そうなんだ。他の人は何か知らない？」

クラスの中でリーダー格の女子が言いました。

女子Ａ「それだけじゃないよね，ツヨシ君に注意していた人がいました。」

担　任「ああ，そうなの。どんな風に注意したの？」

すると，すかさず男子が答えました。

男子Ａ「ツヨシ君が，学級文庫の前でまだ本を立ち読みしていたから，読書，やめてって。」

男子Ｃ「ツヨシ君，やめよう。」

担　任「そっか，注意してくれたんだ。それで，ツヨシ君は怒ったの？」

ツヨシ君は相変わらず寝そべっていました。

女子Ａ「なんか，違うよね，ねぇ。」

担　任「違うって？」

女子Ａ「悪口みたいのが聞こえた，ね。」

女子Ａさんは，友達に同意を促しました。

女子Ｂ「うん，バカじゃね，みたいなのも聞こえたよね。」

女子Ｃ「それに，注意もどなっていた。」

担　任「そうなんだ，どんな風に？」

男子Ｄ「おい，席に着けや！」

担　任「他には？」

男子Ｄ「何やってんだ，ボケ，消えろ，ボケ。」

大体概要がわかりました。クラス全員に向かって，「大体それでいい？」と問うと，男子数名は下を向いていましたが，その他の子どもたちはほぼ頷きました。

子どもたちに事情を聞いてみると，こういうことでした。朝読書の時間が終わってもツヨシ君は読書をやめませんでした。隣の席の日直の子に促されると彼は，本を読みながら席を立ち，学級文庫の前まで行きました。しかし，本から目を離すことができずにそこでしばらく立ちながら読書を続けていたようです。そして，その間に他の子どもたちが，「注意」と称する非難や悪口をしばらく浴びせていたようです。そこで，日直の子が彼に近寄り「おい，いい加減にしろや」と本を取り上げたのをきっかけに暴れ出したということだったようです。状況がわかったところで，担任は話します。

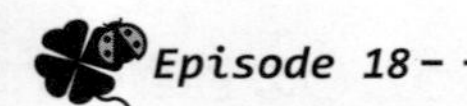

担　任「では，朝，何が起こったか，みんなで確かめましょう。私は，誰かを叱りたいんじゃなくて，同じことが起こってほしくないんですよ。みんなもそうでしょ？　じゃあ，ちょっと再現しようか。ツヨシ君，ちょっとこっち来られる？」

泣きやんだようですが，反応がなかったので別な子を指名しました。

担　任「じゃあ，タイチ君，ちょっとツヨシ君やって。はい，本を読んで。では，読書をやめる時間になりました。」

聞き取りをもとに再現ロールプレイを始めました。

担　任「なんだっけ？『読書，やめて』『ツヨシ君，やめよう』『バカじゃね』『席に着けや』『何やってんだ，ボケ』『消えろ，ボケ』でいいかな。タイチ君，これから，こんな言葉があなたに向かってかけられるけど大丈夫？　ダメだったらやめとこう。」

タイチ「いいよ，なんか面白そう。」

担　任「ああ，ありがとう。じゃあ，始めるよ。はい，スタート。」

役をお願いした子どもたちは，実によくやってくれました。タイチ君の表情が曇る前にやめました。

担　任「タイチ君，どう？」

タイチ「先生，けっこうキツいわ，コレ。」

担　任「だよね。はい，それではみなさん，ツヨシ君があれほど激しく怒った理由がわかった人は手を挙げてください。」

全員が手を挙げました。

担　任「ツヨシ君，みんな，あなたの気持ちわかるってさ。さあ，こっちおいで。」

ツヨシ君は着席しました。

担　任「注意をしてくれた人たちは，ツヨシ君に時間を守ってほしかったんでしょ。それで声をかけてくれたんだよね。それは，とてもステキなことですね。しかし，かけた声は，注意ではなく，悪口になっていたのかもね。注意は本来，よくない行動をやめてもらうためのものでしょ。悪口では，今日みたいなことがまた起こるよね。どうだろ，また同じことが起こってもいい？……いやだよね。だから，どんな声をかけたらいいか，ちょっとみんなで考えてくれる？」

子どもたちは，「読書をやめる時間だよ」「もう，読書やめた方がいいと思うよ」という具体的な言葉とともに，優しく言うことを提案してくれました。全員に確認すると「それがいい」と言うので，これからは同様なことがあったら，このように声をかけ合うことをルールにしました。

担　任「じゃあ，さっきはNGパターンを再現したので，今度はOKパターンをやってみようか。さっきタイチ君は，かなり痛い思いをしただろうから，タイチ君やってくれる？　みんな，さっきタイチ君を傷つけた分，元気にしなくちゃね。(笑)」

子どもたちは，それはそれは優しく声かけをしました。タイチ君は，「優しすぎて逆に気持ち悪い～」と笑っていましたが，嬉しそうでした。

担　任「なあ，ツヨシ君，これから怒らないで済むかな？」

機嫌が直った彼は，コクリと頷きました。

担　任「ツヨシ君，もともと君が時間を守らなかったからこうなったわけだから，次は時間を守るようにしてね。」

また，彼はコクリと頷きました。

担任は，これで問題が解決するとは思っていませんでした。しかし，何かトラブルがあると，すぐに怒鳴り合って，悪口を言い合って，クラスの雰囲気を滅茶滅茶にしてきたことについて，歯止めとなるルールをつくることには成功しました。これをきっかけにすぐに怒鳴り合うことはなくなりました。

課題の分離を教える

しかし，案の定，数日後にトラブルは起こります。これだけでクラスが落ち着くなら学級経営なんて楽なものです。

Episode 19

しばらくはうまくいっていました。ところが再び，朝読書のときにツヨシ君が時間を過ぎても読書をやめず，注意をされても聞かなかったということが起こりました。他の子どもたちは，言い方に気をつけて声をかけたようです。しかし，ツヨシ君はその声かけには反応せず，読書を続けていたそうです。担任が教室に入ると，さっそく，数人の子どもたちが，口を尖らせて訴えてきました。「先生，ツヨシ君はルールを守っていません。」

担任がツヨシ君に目をやると，ツヨシ君は本を片手にとてもバツが悪そうにしていました。自分でも，「しまった」と思ったことでしょう。担任は，静かに語り始めました。

担　任「今日，ツヨシ君に声をかけてくれたみなさんは，クラスのルールを守って，言い方に気をつけてくれたんだね。私は，それをとっても嬉しく思います。ツヨシ君は今日のことをきっと反省してくれると思いますが，人は，完璧ではないし，また，こういうことがあるかもしれませんね。その度に，こうしてみんなで嫌な気持ちになりたいですか？　どうかなぁ。」

子どもたちは首を振りました。

担　任「だよね。先生も同じです。そこで，ちょっと知っておいてもらいたいことがあるのです。ルールを守っていない人がいたら，声をかけるのは誰の問題？」

子どもたちは，最初こそポカンとしていましたが，やがて「それを見かけた人」と答えました。

担　任「じゃあ，声をかけられて，行動を直すのは誰の問題？」

子ども「声をかけられた人。」

今度はすぐに答えが返ってきました。

担　任「そうだよね。注意を受けて，それを受け入れて直すか，受け入れずに直さないかは，注意をされた人の問題だね。注意をしたのに言うことを聞いてくれないことに腹が立ってしまうのは，きっと，言うことを聞かせなきゃっていう強い責任感があるからだね。私は，すばらしいと思うよ。注意しても，言うことを聞いてくれないと，注意した人もつらくなっちゃうんだよね。だからこそ，イライラするし，強い言い方になるよね。でも，注意を聞くか聞かないかは，注意をされた人の問題だから，注意をした人は，十分に責任を果たしているから自分を責めないでね。今日，声をかけてくれた人たち，ありがとう。このままだと，声をかけた，つまり，仲間として責任を果たしている人たちが嫌な思いをすることになるね。注意し続けたら，注意している人も，それを周りで見たり聞いたりしている人も，みんな嫌な気持ちになっちゃう。どうしたらいいと思う？」

子どもたちはしばらく考えました。

「注意しないことにする」という意見もありましたが，多くに支持されたのは，「注意の回数を決める」ということでした。子どもたちは，「３回までは注意するけど，それ以上はしない」というルールを追加しました。そのルールは子どもたちにフィットしたのか，ツヨシ君を注意するしないで，もめることは0とは言いませんが，激減しました。ツヨシ君はそれからもルールを守ったり，守らなかったりしましたが，他の子どもたちは3回まで声をかけたら，自分のやることに集中しました。ツヨシ君も，3回目には読書やルール違反行為をやめる姿が見られました。

③ カウンセリング・マインドでクラスを育てる

ここで担任がしていることは，教室で起こっているツヨシ君にまつわる悪循環を断ち切ることです。ツヨシ君のクラスには，【エピソード17】のように不適切な行動に対して，子どもたちが寄ってたかって注意をすることで注目する（不適切な行動に対する負の注目），そして，不適切な行動が強化され，反復するというサイクルが回っていました。そこで，負の注目をしないようにしました。

もし，クラスにトラブルがあったときに，教師との信頼関係ができていないこの時期に，教師が力まかせに叱るという手段をとるとどういうことが起こるでしょうか。恐らく，ツヨシ君だけでなく他の子どもたちからの信頼も失ってしまいます。クラスの立て直しには，担任の指導に対するクラスの大多数の支持が必要です。そこで，担任は，【エピソード18】のように，ルールを守らなかったことに対して注意をするというトラブル時の適切な行動に感謝しながら，NG パターンのロールプレイと OK パターンのロールプレイをすることによって，体験的に，望ましい行動のイメージを伝えました。

子どもたちが不適切な行動をするのは，「より適切な行動を知らない」という場合があることを，前に述べました。子どもたちの大多数は，今のクラスの状態がよくないとわかってはいるのですが，別な行動パターン，つまり，代替案がわからないわけです。それを子どもたちと策定して，ルールを決めることで，今より適切な行動パターンを全員で確認し合ったのです。

察しのいい方はもうおわかりですね。これは簡易カウンセリングのステップです。担任はトラブルをきっかけにして，【エピソード18】「悪口では，今日みたいなことがまた起こるよね。どうだろ，また同じことが起こってもいい？……いやだよね」と，子どもたちと課題を共有し，「目標の一致」を図っています。これは，「課題の分離」も同時に行っています。担任は，「このままだと同じことが起こり，困るのはあなたたちだよ」と暗に言っているのです。そしてさらに，【エピソード19】では，「課題の分離」を子どもたちに教えています。教室には，不適切な行動をする子がいると同時に，

不適切な行動を気にしすぎる子

がいるわけです。不適切な行動をする子と，それを気にしすぎる子の摩擦が，クラスの混乱になっています。気にしない子たちも心地よくないかもしれませんが，彼らとはトラブルまでには発展しないわけです。「課題の分離」を教えることで，互いのあり方に折り合いがつけられるようにします。もちろん，これだけで解決すると思わないでください。継続的なかかわりの中で，互いのあり方の調整を図っていく必要があります。不適切な行動をする子を気にしすぎる子どもたちも，居場所がゆらいでいる子どもたちです。彼らにもケアが必要です。

順番は前後していますが，やっていることはツヨシ君個人の場合と同じです。こうした語りが子どもたちに理解してもらえたのは，それまで担任がツヨシ君だけでなく他の子どもたちとも信頼関係をつくるようにしていたからだと考えられます。学級経営では，よくトラブルはチャンスだといわれます。しかし，多くの教室ではそれはスローガンレベルであり，システム化されていないように思います。教師にとって大事なことは，スローガンを唱えることではなく，

適切なビジョンに基づく，具体的な方法論をもつこと

です。簡易カウンセリングが，学校現場におけるカウンセリングの王道だと申し上げるつもりは全くありません。しかし，「トラブルはチャンス」という理念を具体化する方法として有効な選択肢なのではないでしょうか。

クラス再生の道筋

クラスを変えるたったひとつのポイント

「学級庶民」の思い

近年は，クラスに支援員の方々が入ることが多くなりました。したがってクラスに複数の大人が一緒にいるのが当たり前になってきました。また，学級担任の年齢が若い一方で，支援員の方々の年齢の方が高く，時には親子ほど歳が離れていることもあります。そうすると学級担任がのびのびとやりたいことがやれないといったことが起こっているようです。学級経営はとても手間がかかる状況になりました。

ときどき次のようなクラスを見ることがあります。

Episode 20

担任の先生が授業をしています。授業中に飽きたのか，少し姿勢が悪くなる子が何人か出始めました。すると，すかさず支援員の方が寄っていき，背中をぽんぽんと軽く叩いて合図をしたり声をかけたりします。すると，その子の姿勢がよくなります。しかし，それは長続きせず，また，その子の姿勢は崩れます。すると，また，支援員さんが寄っていって同じことをして姿勢を正そうとします。そうしたやりとりが１時間に何度も繰り返されました。

実によくある光景ではないでしょうか。【エピソード20】では，ただの姿

勢の指導でしたが，授業中の私語も立ち歩きもやる気のない態度もケンカもみんな下の図のような同じ構造であることは，ここまで読んでいただけたならばおわかりかと思います。そして，同時にどこにアプローチをすることが得策かもご判断いただけるかと思います。

ほとんどの場合，教室にいる誰か，教師，支援員，そしてクラスメートの誰かが，不適切な行動の誘い出しや強化をしているのです。だから，まず，できることは，適切な行動への注目ではないでしょうか。【エピソード20】では，担任は不適切な行動に注目していませんが，支援員がそれをしていますから，同じことです。担任は，相手が年上でなかなか言えないかもしれませんが，それこそコミュニケーション力を発揮して，担任としての意図を伝え，そして，「姿勢が直ったときに，小さくほめていただけますか」などとお願いしてみてはいかがでしょうか。

不適切な行動に注目することをやめ，適切な行動に注目をし続けること，こんな単純なことで，異なる学級経営が展開されるかもしれません。

まずは，不適切な行動をする子どもたちへの過度な注目をやめます。そして，適切な子どもたちに注目する状況をつくります。それは，けっして不適切な行動をする子どもたちを蔑ろにすることではありません。彼らとしっかりかかわるためです。クラスが正常化してきたら，不適切な行動をする子どもたちといくらでもかかわるチャンスが生まれます。しかし，クラスがガタガタしていたら，それも叶いません。そもそも，

不適切な行動に注目し続けることは，適切な行動をする子どもたちを蔑ろにしていること

にはなりませんか。

こういう話をある研修会でしたら，「学級庶民にかかわっている暇はない」と感想に書いた方がいました。驚くような感覚だなと思うと同時に，この先生も相当追いつめられているのだなと少し悲しくなりました。それにしても，教室で，「学級庶民」と位置づけられた子どもたちは，毎日どんな気持ちで過ごしているのだろうかとそちらの方が心配になりました。この平等の世の中に，教師の心の中に身分制度ができてしまっていることをとても残念に思いました。不適切な行動をしている子はもちろん，それ以外の子どもたちもみんな自分を見てほしいし認めてほしいはずです。

② 教師の認知が変わればクラスが変わる

アドラー心理学の立場から言えば，不適切な行動は，教師の感情が深くかかわっています。私たちの行動は，私たちの認知と感情の影響を受けています。本書に示したような子どもたちの不適切な行動のメカニズムを知れば，子どもたちが悪意をもってそれをしているわけではないことがおわかりでしょう。

こうして私たち教師の認知が変わったら，その子への感情が変わるはずです。認知と感情が変わったら，行動が変わります。気になる子に向けていた視線，態度，かけていた言葉が変わります。不適切な行動をしている子に対

して「どうしてそんなことするの？」と責めるように言っていた教師が，「何かあったの？」と穏やかに言います。以前は，不適切な行動をする子のステキな一面が見逃されていたのに，教師がそれを積極的に見つけて，「おお，ステキな意見だね」「○○君のイラストにはあたたかさがあるね」などと声をかけるようになります。そういう教師の変化を子どもたちが見逃すはずがありません。子どもたちは，教師の接する態度で，仲間への接し方を決める場合も少なくありません。周囲の子どもたちに居場所が確保されていれば，その子を受容するように行動するでしょう。また，居場所が確保されていなければ，その子を排除するように行動するでしょう。だから，

まずは，適切な行動をしている子どもたちの居場所の確保が優先されるべき

なのです。繰り返し述べますが，それは最終的には，不適切な行動をする子どもたちの居場所をしっかりと確保するためでもあるのです。教師の認知が変われば，感情や行動は影響を受けます。学級集団づくりがある程度為されていれば，それは子どもたちにポジティブな影響を及ぼします。教師の姿を見て，子どもたちの認知や感情が変われば，行動が変わります。子どもたちの行動が変わったらどうなるか，もうおわかりですね。クラスが変わります。

クラスは再生する

以上の話を，図にまとめると次のような「クラス再生の道筋」が見えてきます。これは，学級崩壊マニュアルの逆の，クラス再生マニュアルと言えるかもしれません。

不適切な行動をする子どもたちがいたとしても，そこに注目をせず，適切な行動をしている子どもたちを認めるようにします。同時に，不適切な行動をする子どもの適切な行動を探してそれもフィードバックします。それは，不適切な行動をする子と教師の信頼関係を築き，また，その周囲の子どもたちの居場所を確保することになります。

子どもたちの居場所を保障する教師は，信頼されます。教師への信頼は，教師の言葉や行為の正当性を高めます。すると，教師の話す言葉はルールとなり，子どもたちの生活を安定させます。こうして，クラスには秩序が形成されていくのです。実践途上では当然，子どもたちから抵抗を受けることがあります。不適切な行動で注目を得ていた子どもたちにとっては，注目されないことはかなりのストレスです。また，同僚から横槍が入るかもしれませんね。そのときはしんどいかもしれませんが，けっして戦ってはいけません。戦ってあなたが動きにくくなったら誰がクラスを救うのですか。相手の言い分をしっかり聞いた上で，実践の意図をお話しします。そして，ブレずに実践を続けます。

教育的効果をもたらすのは，教師の一貫性

なのですから。

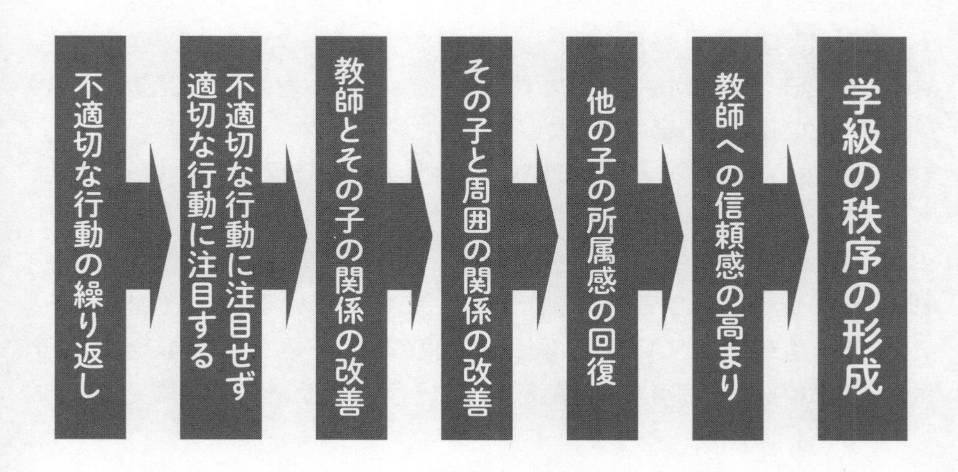

あとがきに代えて

最後にツヨシ君のその後です。

担任はツヨシ君と持ち上がることはできませんでした。担任は，翌年もツヨシ君と一緒に過ごし，できれば卒業を見送りたいと思いました。しかし，それは実現しませんでした。

ツヨシ君と離れて１ヶ月，担任は，ツヨシ君やそのクラスとの騒がしくも楽しかった日々を思い出していた頃，廊下で，ツヨシ君の学年に配属された支援員さんに呼びかけられました。

支援員「先生，先生，ちょっと聞いてください。ツヨシ君のことなんですけど。」

担　任「どうしました？　何かやらかしましたか？（笑）」

支援員「違いますよ。ツヨシ君のクラスに今，入っているんですけど，あんまり落ち着いているんで『どうしたの？　ツー君，この頃，全然怒らないね～』って声かけたんですよ。そうしたら，何て言ったと思います？」

担　任「え～？　想像つかないですね。」

支援員さんはニッコリ笑って言いました。

支援員「『先生，俺はな，キレない方法を学んだんだ』ですって～。な～んかそれを聞いて嬉しくなっちゃって～。」

支援員さんは，前年の担任のかかわりをリアルタイムで見続けてくれていたので，この話を真っ先に伝えにきてくれたようです。ツヨシ君が落ち着いているのは，今の担任にかわいがられているからかもしれませんし，この支援員さんのような低学年の頃から見守ってくださる方がいたからかもしれません。それでも，担任はとっても嬉しい気持ちで小躍りしたくなりました。

現在，教師教育にかかわる傍ら，全国の複数の学校や自治体の学校改善，教育改善アドバイザーのような仕事をさせていただいています。「主体的・対話的で深い学びの実現」だ，「考え議論する道徳」だ，「英語の教科化」だ，と刺激的なフレーズが現場に降り注いでいますが，教育活動の基盤であるクラスが成り立っていなかったら，それらはまさしく「絵に描いた餅」です。学力向上だ，偏差値を上げましょうと言われても，クラスが機能していなかったら結果が出るわけがありません。

私が小学校教諭時代に初めて，所謂学級崩壊のクラスを担任させていただいたのは，2000年よりも前のことです。ちょうどこうしたクラスが機能しない，または，極度に機能が低下した状態のクラスが全国に増殖していった時期です。それから幾度となく，機能不全に陥っているクラスを担任させていただいたり，そうした状態になっているクラスのご支援をさせていただきました。

学級崩壊は現在も明確な解決方法が見つかっていないといわれています。しかし，私がそうした仕事にかかわれたのは，間違いなくアドラー心理学を学んでいたからだと言えます。もちろん，学んだことをそのまま適用したのではなく，自分で咀嚼しながら納得しながら実践しました。しかし，アドラー心理学を知らなかったら，最初の一歩も踏み出せなかったでしょう。今，各学校の教育改善をお手伝いできるのも，アドラー心理学で学んだからと言っても過言ではありません。しかし，アドラー心理学は知れば知るほど底が見えない深遠な理論体系であることも痛感しています。これからも，さらに精進していきたいと思います。本書の発刊にご尽力いただいた，明治図書の及川誠さんと西浦実夏さんに心からお礼を申し上げます。

2019年２月

赤坂　真二

【著者紹介】
赤坂　真二（あかさか　しんじ）
1965年新潟県生まれ。上越教育大学教職大学院教授。学校心理士。19年間の小学校勤務では，アドラー心理学的アプローチの学級経営に取り組み，子どものやる気と自信を高める学級づくりについて実証的な研究を進めてきた。2008年４月から，即戦力となる若手教師の育成，主に小中学校現職教師の再教育にかかわりながら，講演や執筆を行う。

【著書】
『スペシャリスト直伝！　学級づくり成功の極意』（2011），『スペシャリスト直伝！　学級を最高のチームにする極意』（2013），『スペシャリスト直伝！　成功する自治的集団を育てる学級づくりの極意』（2016），『スペシャリスト直伝！　主体性とやる気を引き出す学級づくりの極意』（2017），『最高の学級づくりパーフェクトガイド』（2018），『資質・能力を育てる問題解決型学級経営』（2018，以上明治図書）他，編著書など多数。
DVDに「明日の教室DVDシリーズ49弾　学級集団づくりとアドラー心理学とクラス会議と」（有限会社カヤ）がある。

〔本文イラスト〕木村美穂

学級経営サポートBOOKS
アドラー心理学で変わる学級経営
勇気づけのクラスづくり

2019年３月初版第１刷刊 ©著　者　赤　坂　真　二
2021年４月初版第８刷刊　発行者　藤　原　光　政
発行所　明治図書出版株式会社
http://www.meijitosho.co.jp
（企画）及川　誠（校正）西浦実夏
〒114-0023　東京都北区滝野川7-46-1
振替00160-5-151318　電話03(5907)6703
ご注文窓口　電話03(5907)6668

＊検印省略　組版所　長野印刷商工株式会社

Printed in Japan　ISBN978-4-18-274622-2

資質・能力を育てる 問題解決型学級経営

赤坂 真二 著

Ａ５判　200頁
本体 2,000円＋税
図書番号 1388

やる気を成果に結びつける!曖昧さと決別する学級経営

なぜ，あなたのやる気が成果に結びつかないのか。曖昧さと決別する「問題解決型」学級経営。子どもたちの未来を切り拓く資質や問題解決能力は，日々の学級経営の中でこそ身に付けることができる。学校現場の，リアルな学級づくりの課題から考える辛口の学級経営論。

最高の学級づくり パーフェクトガイド

指導力のある教師が知っていること

赤坂 真二 著

Ａ５判　216頁
本体 2,000円＋税
図書番号 1695

1ランク上のクラスへ! 最高の学級づくりバイブル

最高の学級づくりを実現するパーフェクトガイドブック。学級開きから学級目標やルールづくり，気になる子や思春期の子の指導，学級のまとまりを生む集団づくりの必勝パターン，いじめ対応からＡＬまで。章ごとの「チャレンジチェック」でポイントもよくわかる必携の書。

幼稚園 365日の集団づくり 日常保育編 年間行事編

吉村 裕・丸山 克俊 編著

日常保育編
Ａ５判　168頁 本体 1,860円＋税
図書番号 0888

年間行事編
Ａ５判　168頁 本体 1,860円＋税
図書番号 0889

この1冊で幼稚園1年間365日の活動づくりがわかる!

幼稚園の１年間３６５日の活動づくりについて，①活動の流れをまとめた「デイリープログラム」②感動した子どものつぶやき・行動を集めた「天使のひと言&子どもの行動」③保育者視点の気づき・リアルな体験をまとめた「私の保育日誌」の３点を切り口にまとめました。

生活指導・生徒指導 すきまスキル 72

堀 裕嗣 他編著

四六判　160頁
本体 1,800円＋税
図書番号 2803, 2805, 2806

ハードとソフトで指導のつまずきを解消! 微細スキル72

生活指導・生徒指導で大切なのは，学校生活を送る上での基本的なことや定番の行事で起こり得るトラブル対応等，細かなことの積み重ねです。これらをうまく裁き機能させる「すきまスキル」を，規律訓練型の「ソフト」と環境管理型の「ハード」に分けてまるごと紹介しました。

明治図書　携帯・スマートフォンからは 明治図書 ONLINEへ 書籍の検索、注文ができます。▶▶▶
http://www.meijitosho.co.jp ＊併記４桁の図書番号（英数字）でHP、携帯での検索・注文が簡単に行えます。
〒114－0023　東京都北区滝野川７－46－１　ご注文窓口　TEL 03－5907－6668　FAX 050－3156－2790